Wolf Uecker
Gisela Allkemper

Einfach Eintopf!

Regionale Rezepte
querbeet

5 4 3 2
ISBN 3-88117-523-7

Gestaltung: Heidrun Schröder
Redaktion: Christiane Leesker
© 2000, Verlag Wolfgang Hölker GmbH, Münster
Alle Rechte vorbehalten, auch auszugsweise.

Printed in Belgium

Inhalt

Immer wenn ich Ausländer zu Gast habe, greife ich auf das große Repertoire des deutschen Eintopfes zurück. Sie sind bisher alle entzückt gewesen, denn ihre Vorstellung von deutscher Küche stützt sich immer noch auf das alte Vorurteil: Deutsche essen schwer und fett – und in erster Linie Schweinebraten, Eisbein und Sauerkraut.

Wenn von deutschem Eintopf die Rede ist, sind Minderwertigkeitsgefühle fehl am Platz. Ich habe Eckart Witzigmann, Drei-Sterne-Koch und mit allen teuren Delikatessen dieser Welt vertraut, nach seinem Lieblingsgericht gefragt. Ohne zu zögern antwortete er: „Eintopf – Graupensuppe mit Lammschulter."

Falsch ist die verbreitete Meinung, Eintöpfe kochten sich von selbst: Sie brauchen genauso viel liebevolle Aufmerksamkeit wie jeder Festtagsbraten, erst dann werden sie zur Delikatesse. Richtig ist dagegen der Ausspruch des großen Malers Max Liebermann, der leidenschaftlich gern Eintöpfe aß: „Wo nischt drin is, kommt nischt raus."

Da Eintopf kein „schickes Schnellgericht" ist, braucht er das große Umfeld regionaler Besonderheiten als kulinarischen Hintergrund. Deswegen sind auch solche Gourmet-Spezialitäten aus unseren Landschaften hier verzeichnet, die ich bei meinen Wanderungen entdeckt habe.

Haben Sie es schon bemerkt? Großmutters einfache Küche ist wieder „in". Frische Lebensmittel aus dem Bio-Laden, vom Wochenmarkt, aus dem eigenen Garten sind gefragt. Gesunde, biologisch saubere Zutaten werden bevorzugt.

In früheren Zeiten bestand aus vielerlei Gründen die Mittagsmahlzeit aus einem schlichten, kräftigen Eintopfgericht: Man verarbeitete, was Haus, Hof und Garten anboten: Wurst und Speck, Kohl und Kartoffeln. Die tägliche Arbeit ließ wenig Zeit zum Zubereiten der Mahlzeiten, deshalb wurde alles in einem Topf gekocht, der während der Mahlzeit mitten auf dem Tisch stand. Man sparte dadurch Zeit beim Auftischen und beim Abwasch. Häufig kochte man so viel, dass es für eine zweite Mahlzeit ausreichte – entweder für abends oder für den nächsten Mittag. Sie kennen doch sicher Wilhelm Buschs Ausspruch, der von dem Sauerkohl der Wirtwe Bolte sagte: „…wofür sie besonders schwärmt, wenn er wieder aufgewärmt."

Wolf Uecker und ich haben uns bemüht, typische Eintöpfe aus den Regionen Deutschlands zu finden und aufzuschreiben. Wir haben sie lediglich etwas „schlanker" gemacht, dem Stil und den Bedürfnissen der Zeit angepasst. Dabei haben wir auch das Wort Eintopf nicht zu eng gesehen. Wir verstehen darunter nicht nur gehaltvolle Suppen und durcheinandergekochte Gemüsegerichte, sondern auch reichhaltige Aufläufe, die, in der Form serviert, eine vollständige Mahlzeit ergeben. Die deutschen Landschaften haben viel zu bieten. Sehen Sie selbst!

Guten Appetit wünscht Ihnen

Ihre

Gisela Allremper

Schleswig-Holstein
mit Nordfriesland und Helgoland

In einer Landschaft, die zwischen Fülle und Kargheit, fetter Marsch und magerer Geest liegt, kann man mit „schicken Häppchen" im Magen dem rauen Klima nicht trotzen. Tradition wird in den Küchen an der Waterkant auch heute noch groß geschrieben. Ob's nun um „Snuten un Poten" oder „Plumen un Klöten", um „Bloutsupp" oder „Braunkuchen" geht.

Einer der ganz großen Schleswig-Holsteiner, Freiherr von Rumohr, Verfasser des berühmten Buches „Geist der Kochkunst" und 1843 beim Frühstück entseelter Feinschmecker, beklagte den barbarischen Hang zur Völlerei in seiner nordischen Heimat.

„Von nix kümmt nix", sagen Marschbauern und Fischer. Und Theodor Storm sah's ähnlich positiv: „In Holstein sind vor allem drei Dinge zu rühmen: die reine Luft, die hübschen Mädchen und die kernigen Katenschinken."

Genauso berühmt ist die norddeutsche Bouillabaisse, eine köstliche Fischsuppe. Neben Mehlklößchen, Speck und Backpflaumen liebt man hier Eintöpfe, die so fröhliche Namen tragen wie „Dickmusik" und „Grüner Heinrich".

Sylter Süür Sop

Zubereitungszeit: 4 Stunden
Zutaten für 4–6 Personen

1 dicker Schinkenknochen
und Schinkenreste
2 l Wasser zum Wässern
1 l Kochwasser
200 g Backpflaumen
(nach Belieben mehr)
Essig, Zucker nach Geschmack

1. Den Knochen und die Schinkenreste 2 Stunden wässern. In frischem Wasser zum Kochen bringen und 3 Stunden langsam kochen lassen (im Dampfdrucktopf reicht die halbe Zeit).

2. Durchseihen. Das Fleisch klein schneiden.

3. Die Backpflaumen in der Brühe weich kochen. Mit Essig und Zucker abschmecken.

☞ Wenn man hat, kleine Mehlklöße (s.u.) einrühren. Sonst gekochte und gewürfelte Kartoffeln in der Suppe wärmen.

Molkspar (Sylt)

Zubereitungszeit: 2 Stunden
Zutaten für 4 Personen

750 g Schinkenreste, Rauchfleisch
oder gepökeltes Schweinefleisch
1 l Wasser
1/2 l Milch
Für die Mehlklöße:
1/2 l Milch
300 g Mehl, häufig Gerstenmehl
2 Eier
Salz
1 Prise geriebene Muskatnuss

1. Das Fleisch waschen und in dem Wasser 1 Stunde garen.

2. Während der Garzeit die Mehlklöße herstellen. Die Milch aufkochen, das Mehl zu einem Kloß einrühren. Die Eier und Gewürze einarbeiten. Kleine Klöße abstechen.

3. Das Fleisch aus der Brühe nehmen.

4. Die Milch erhitzen und mit Brühe zu 1 l auffüllen. Die Klöße darin 5–10 Minuten ziehen lassen.

5. Das Fleisch klein schneiden und mit den Klößen in der Milchbrühe auftragen.

Helgoländer Fischertopf

Zubereitungszeit: 1 Stunde
Zutaten für 6–8 Personen

1 fein gehackte Zwiebel
4 Tomaten, ohne Haut, geviertelt
1 Stange Lauch, in Ringe geschnitten
1 Knoblauchzehe
2 Möhren, in dünne Stifte geschnitten
4 EL Olivenöl
2 l Gemüsebrühe
1 TL Thymian
$1/2$ EL Safranpulver, oder besser Fäden,
im Mörser zerkleinert
3 EL Tomatenmark
je 250 g Portionsstücke (geschuppt) Fisch
oder Filet vom Schellfisch, Rotbarsch,
Heilbutt, Dorsch, Knurrhahn und Seeaal
3 halbierte Lachskoteletts
1 Scholle
1 Zitrone, entsaftet
6 Scheiben Weißbrot, in je 2 Dreiecke
zurechtgeschnitten
$1/2$ Knoblauchzehe
Salz nach Geschmack
125 g Krabben
3 Prisen Cayenne-Pfeffer
2 EL gehackte Petersilie

1. Zwiebel, Tomaten, Lauch, Knoblauch und Möhren mit Öl leicht anbraten und mit Gemüsebrühe ablöschen.

2. Thymian, Safran und Tomatenmark einrühren. 20 Minuten dünsten.

3. Fischstücke mit Zitronensaft einreiben, vorsichtig salzen und in der köchelnden Brühe 10 Minuten ziehen lassen. Herausnehmen, in einer Schüssel warm halten.

4. Die Weißbrotscheiben mit Knoblauch (1 halbierte Zehe) abreiben, in Olivenöl anbraten, leicht salzen. Suppenschüssel mit dem Brot auslegen. Die Krabben über die Brotscheiben streuen. Suppe darüber gießen. Mit Salz und Cayenne-Pfeffer abschmecken und mit Petersilie bestreuen. Fisch getrennt auf heißer Platte servieren.

5. Zum Servieren erst die Fischstücke in den tiefen Teller legen, dann mit dem eingeweichten Brot und der Brühe begießen.

Dickmusik

Zubereitungszeit: 1 Stunde
Zutaten für 6 Personen

1 Glas große weiße Bohnen (500 g)
250 g frische grüne Erbsen
250 g gewürfelte Möhren
2 EL Butter
250 g Schinkenspeck, gewürfelt
2 Zwiebeln, fein gehackt
1 Stange Lauch, fein gehackt
500 g Kartoffeln, geschält und gewürfelt
1/2 l Brühe
Salz
Pfeffer
2 EL gehackte Petersilie

1. Bohnen mit Erbsen und Möhren vermischen. 1 Esslöffel Butter in einem Topf erhitzen.

2. Die Hälfte der Speckwürfel mit den Zwiebel- und Lauchstücken unter Rühren in der Butter bräunen.

3. Abwechselnd Kartoffelwürfel und das Gemüse einschichten. Mit Brühe auffüllen und kurz aufkochen lassen.

4. Würzen und mit 1 Esslöffel Butter belegen. 1 Esslöffel Petersilie einrühren. Im geschlossenen Topf bei schwacher Hitze 45 Minuten garen.

5. Inzwischen restliche Schinkenspeckwürfel in der Pfanne anrösten und vor dem Servieren auf dem Eintopf verteilen. Mit 2 Esslöffeln Petersilie bestreut servieren.

Schleswiger Gersteneintopf

Zubereitungszeit: 1 Stunde
Zutaten für 6 Personen

200 g Gerstengrütze
80 g Butter
1 l gekörnte Brühe
2 mittlere Zwiebeln, gerieben
1 Blumenkohl (500–700 g)
Salz
1/4 l Sahne mit
2 Eigelb verquirlt
1 Bund Petersilie, gehackt
weißer Pfeffer aus der Mühle
1 Prise Muskatnuss

1. Gerstengrütze in einem mittelgroßen Topf in der Butter unter Rühren 3 Minuten bei Mittelhitze anrösten.

2. Mit Brühe löschen und bei kleiner Hitze etwa 45 Minuten bedeckt gar ziehen lassen. Ab und zu rühren. Zwiebeln in den letzten 10 Minuten dazugeben.

3. Inzwischen den geputzten Blumenkohl in reichlich kochendem Salzwasser etwa 15 Minuten bei Mittelhitze garen. Abtropfen lassen. 2 Tassen Blumenkohlwasser aufheben. Blumenkohl in Röschen zerteilen und in die Suppe legen. 5 Minuten köcheln.

4. Eiersahne und Petersilie in die Suppe geben, 2 Tassen Blumenkohlwasser zugießen und mit Salz, Pfeffer und Muskat abschmecken.

Holsteiner Specksuppe

Zubereitungszeit: 2–3 Stunden
Zutaten für 6–8 Personen

1 großer Schinkenknochen mit Fleisch-
resten daran, in große Stücke zersägt
250 g geräucherter Bauchspeck
2 l Wasser
je 250 g Möhren, Sellerie, Erbsen,
Steckrüben und Lauch, zerkleinert
1 Bund Suppengrün, zerkleinert
250 g Backpflaumen,
2 Stunden in Wasser eingeweicht
Essig, Zucker nach Geschmack
Mehlklöße (Rezept S.17),
in Milch oder Wasser gegart
Dazu: Salzkartoffeln

1. Die Knochen und den Speck über Nacht wässern. Mit frischem Wasser 3 Stunden kochen. Dabei öfter abschäumen, damit die Suppe klar wird.

2. Nach 2 1/2 Stunden Suppengrün und Gemüse hineingeben.

3. Die letzten 15 Minuten die Backpflaumen mit dem Einweichwasser in die Suppe geben und alles zusammen gar kochen.

4. Das Fleisch und die Knochen herausnehmen. Fleisch klein schneiden, Knochen wegwerfen.

5. Die Klöße in der Suppe erhitzen.

6. Die Suppe zusammen mit den Salzkartoffeln und dem Fleisch servieren.

Graupensuppe mit Blutwurst

Zubereitungszeit: 1 Stunde 30 Minuten
Zutaten für 4 Personen

125 g geräucherter Bauchspeck, gewürfelt
2 mittelgroße Zwiebeln, gewürfelt
2 l Fleischbrühe
125 g Perlgraupen, gewaschen und
abgetropft
1 Bund Suppengrün, klein geschnitten
Salz, Pfeffer
500 g geräucherte Blutwurst, in Scheiben
geschnitten
4 EL gehackte Petersilie

1. Speck und Zwiebeln in einem großen Topf anbraten. Mit der Brühe ablöschen und aufkochen.

2. Graupen und Suppengrün zugeben und etwa 1 Stunde kochen lassen, dann würzen.

3. Die Blutwurstscheiben einige Minuten in der Suppe ziehen lassen.

4. Mit Petersilie bestreut auftragen.

Hamburg und Lübeck

„Quiddjes", wie man in Hamburg Zugewanderte nennt, sind immer wieder erstaunt, dass der Hamburger sich nicht nur von Labskaus und Aalsuppe ernährt. Dank ihres Hafens kannten die Hanseaten schon Gewürze aus aller Welt, als andere noch am Salzstein leckten. Hummer, Austern und Kaviar waren hier einst so selbstverständlich, dass alte Hamburger Kochbücher ihrer Zubereitung keine besondere Aufmerksamkeit widmeten. Wirklich geschätzt wird hier die feine Hausmannskost, bei der Geschmack mehr bedeutet als Dekoration und Garnitur.

Noch heute ist Qualität den weltoffenen Hanseaten besonders wichtig. „Chichi" und „Tüdelkram" sind eher verdächtig.

Aber auch Quantität spielt eine Rolle. 1850 schrieb Jacob Galbis, Lehrer am Hamburger Johanneum-Gymnasium: „Solang es noch Kinnbacken in Hamburg gibt – und an denen wird es nie fehlen –, werden große Diners immer in Mode sein. Der Esstisch ist das Schlachtfeld, auf dem Hamburger sich auszeichnen und als Helden zeigen."

Bei der Qualität der Zutaten machen Hanseaten keine Konzessionen. 1910 erschien das Buch der Hamburger Küche „Geprüft und bewährt" von Hertha Behnke, aus dem auch unser Rezept für die Hamburger Aalsuppe stammt. Es ist bis heute das beste Kochbuch für die hanseatische Küche geblieben. Über die Zubereitung von Sauerkraut teilte die Autorin lakonisch mit:

„Zum Sauerkrautkochen bedarf es einer Flasche guten Moselweines. Wer den nicht hat, der verzichte auf Sauerkraut."

In der Hansestadt Lübeck war ich nicht nur wegen Thomas Mann und der Geschichte des Marzipans. In Lübeck gab es auch die Füllung für Enten, die „Lübsche Füllung" zu entdecken, die aus Äpfeln, Rosinen, Weißbrotwürfeln, Weinbrand, Zimt und Weißwein besteht.

Der „Große Hans", das „Lübecker National" und die „Bücklingssuppe" werden auch Nicht-Hanseaten begeistern.

So viele Gemeinsamkeiten die Hansestädte Hamburg und Lübeck auch haben mögen – ihre Vorliebe für Zusammengekochtes, für süß-sauer Abgeschmecktes, für Fischgerichte aller Art –, in einen Topf kann man sie dennoch nicht werfen. Freunde der Lübecker Küche können in den „Buddenbrooks" nachlesen, was früher dort in gutbürgerlichen Familien auf den Tisch kam: Bücklingssuppe, Karpfen in Rotwein, panierter Schinken mit Schalottensauce, mehrere Gemüse als Beigabe, Rumfrüchte und Plettenpudding, ein schichtweises Gemisch aus Makronen, Biskuits, Himbeeren und Eiercreme.

Hamburg

Hamburger Aalsuppe

Hartnäckig ist der Irrtum, der sich mit ihrem Namen verbindet: „Aal" bedeutet schlicht „alles" – eine Restesuppe also, in der sich alles mögliche befand, nur der teure Aal nicht. Durch den lautstarken Protest eines Gastes, der den Fisch vergebens im Teller suchte, kam ein Hamburger Gastwirt auf die Idee, aus der Restesuppe eine Fischsuppe zu machen. Geblieben ist bis heute nur der Schinkenknochen, mit dem sie gekocht wird.

Zubereitungszeit: ca. 4 Stunden
Zutaten für 12 Personen

1 Schinkenknochen
1 1/2 kg Ochsenfleisch
500 g frische Erbsen
1 kg Karotten
10 weiße Petersilienwurzeln
6 Mairüben
1 1/2 kg Aal
1/4 l Weinessig
20 Pfefferkörner, schwarz
1 Zwiebel, geschält
1 Lorbeerblatt
1 EL Salz
500 g gemischtes Backobst
2 TL Stärkemehl
125 g frische Kräuter wie Minze,
Estragon, Thymian, Majoran, Petersilie,
Kerbel, Basilikum, etwas Salbei
65 g Zucker
1/4 l Weiß- oder Rotwein

1. Den Knochen und das Ochsenfleisch mit 3 Liter Wasser ansetzen und im fest verschlossenen Topf 3 Stunden kochen. Anschließend herausnehmen.

2. Die Erbsen mit 1/2 Liter kochendem Wasser aufsetzen und im geschlossenen Topf gar kochen. Beiseite stellen.

3. Karotten, Petersilienwurzeln und Mairüben werden geschabt, in kleine Würfel geschnitten, mit 1 Liter kochendem Wasser angesetzt und im geschlossenen Topf 1/2 Stunde gekocht.

4. Den Aal in 12 Stücke schneiden, waschen, mit dem Essig, 1/2 Liter Wasser, Pfefferkörnern, Zwiebel, Lorbeerblatt und Salz aufsetzen und im zugedeckten Topf zum Kochen bringen. Bei ganz milder Hitze 30 Minuten ziehen lassen.

5. Das Backobst zwei- bis dreimal mit heißem Wasser waschen, dann mit 1 Liter kaltem Wasser aufsetzen und 2 Stunden kochen. Das Stärkemehl rührt man nun mit etwas Obstbrühe glatt und gibt es dazu.

6. Die Kräuter waschen, fein hacken, in die Suppe geben und 5 Minuten mitkochen, dann das Gemüse und Backobst mit dem Wasser dazugeben. Ebenfalls die Aalbrühe mit dem zerkochten Fisch, die vorher durch ein grobes Sieb gegossen wird.

7. Man schmeckt die Suppe mit dem Zucker und Weiß- oder Rotwein ab.

16

Hamburger Mehlklöße

Reicht man zur Aalsuppe

Zubereitungszeit: 25 Minuten
Zutaten für 4 Personen

125 g Mehl
1 EL Butter
Salz
$^1/_8$ l Wasser

1. Mehl in eine Schüssel schütten. Butter, Salz und Wasser zum Kochen bringen, die Flüssigkeit sehr schnell unter raschem Rühren zu dem Mehl geben. Die Masse 5 Minuten tüchtig rühren.

2. 1 Liter Wasser mit 2 Teelöffeln Salz zum Kochen bringen, von der Masse 12 runde Klöße formen, diese in das kochende Salzwasser legen und ohne Deckel langsam 5 Minuten kochen.

Labskaus nach Matrosenart

An dem alten Matrosengericht ist allerorts oft herumprobiert und geändert worden. Jedermanns Geschmack ist die Kombination von Kartoffeln, Fleisch, Bismarckhering und Rote Bete sowieso nicht. Aber wenn Sie das Originalrezept einmal nachkochen möchten, hier ist es:

Zubereitungszeit: 1 Stunde 30 Minuten
Zutaten für 6–8 Personen

1 kg gepökeltes Rindfleisch
1 kg Kartoffeln (mehlige), in der Schale gekocht
4 Zwiebeln, fein gewürfelt
3 EL Schweineschmalz
2 Bismarckheringe, fein gewürfelt
Salz
weißer Pfeffer aus der Mühle
500 g Rote Bete aus dem Glas
6 mittelgroße Gewürzgurken, in Scheiben geschnitten

1. Das Rindfleisch ohne Salz mit heißem Wasser bedeckt aufsetzen, ungefähr 1 Stunde zugedeckt langsam gar kochen.

2. Die Kartoffeln ebenfalls ohne Salz kochen.

3. Zwiebeln in Schmalz glasig dünsten. Das durchgedrehte Rindfleisch dazugeben und alles gut durchmischen. Die Kartoffeln stampfen und gleichfalls zugeben.

4. Den gewürfelten Bismarckhering daruntermischen und alles unter ständigem Rühren heiß halten. Mit Salz und Pfeffer abschmecken. Mit Rote Bete und Scheiben von Gewürzgurken servieren.

☞ Pro Portion mit einem Spiegelei gekrönt, wird das Labskaus verfeinert.

Lübeck

Birnen, Bohnen und Speck (Grön Hein)

Zubereitungszeit: 1 Stunde 10 Minuten
Zutaten für 4 Personen

¹/2 l Wasser
250 g durchwachsener Räucherspeck,
in Scheiben geschnitten
(es darf auch Schinken sein)
500 g Speckbirnen mit Stiel
500 g Brechbohnen, abgefädelt
500 g kleine neue Kartoffeln
Salz, Pfeffer
Bohnenkraut und Petersilie, gehackt

1. Den Speck mit den Bohnen und Bohnenkraut in leicht gesalzenem Wasser in 30 Minuten halb gar kochen.

2. Die Birnen ungeschält und mit Stiel darauf legen. Insgesamt 1 Stunde garen und würzen. Die Kartoffeln in der Schale garen.

3. Das Gemüse in eine Schüssel füllen, mit den Kartoffeln umlegen und alles dick mit Petersilie bestreuen.

☞ Die Birnen darf man mit den Fingern am Stiel anfassen und abnagen. Natürlich kann man sie auch mit Messer und Gabel essen. Auch brät man den Speck knusprig aus und deckt damit den Eintopf in der Schüssel ab.

Bücklingssuppe

Zubereitungszeit: 30 Minuten
Zutaten für 6 Personen

75 g magerer Speck, gewürfelt
1 EL Schmalz
2 Stangen Lauch (oder 4 Zwiebeln),
in Streifen geschnitten
2 Möhren, gestiftelt
500 g Kartoffeln,
in ganz dünne Scheiben geschnitten
1 l gekörnte Brühe
2 etwa 500 g schwere Bücklinge
(oder anderer Räucherfisch)
2 EL Tomatenmark
1 EL Majoran
2 EL glatte, fein gehackte Petersilie
Salz, Pfeffer

1. Den Speck in dem Schmalz auslassen. Den Lauch darin anschwitzen, die Möhren und Kartoffeln dazugeben, mit Brühe so weit auffüllen, dass die Flüssigkeit 2 Finger hoch über dem Gemüse steht, und alles auf kleiner Flamme gar kochen.

2. Die Bücklinge häuten, sorgfältig entgräten und in kleine Stücke zerpflücken. In einer kleinen Pfanne erhitzen, das Tomatenmark dazugeben, durchschwitzen lassen, mit Majoran und reichlich gehackter Petersilie würzen.

3. Alles an die Suppe geben, nochmals mit Salz und Pfeffer abschmecken, kurz durchziehen lassen und sehr heiß servieren.

Lübecker National

Ob das „Lübecker National" mit Möhren oder Steckrüben gekocht werden soll,
ist ein alter Streit zwischen Hanseaten. Hier das Rezept mit Steckrüben:

Zubereitungszeit: 1 Stunde 20 Minuten
Zutaten für 6 Personen

1 Steckrübe (Kohlrübe) von ca. 1 kg
500 g magerer Schweinebauch
500 g Kartoffeln
6–8 Zwiebeln, grob gehackt
3 EL Schmalz
2 TL Salz
schwarzer Pfeffer
1 Bund glatte Petersilie, fein gehackt

1. Steckrübe in kurze Stifte schneiden und mit ca. 2 Litern kaltem Wasser und dem Schweinebauch ansetzen.

2. Nach $1/2$ Stunde Kochzeit gibt man die in kurze, dicke Stifte geschnittenen Kartoffeln sowie die in Schmalz angedünsteten Zwiebelwürfel dazu und lässt alles weitere 20–30 Minuten gar kochen.

3. Das Fleisch ist nicht zu weich zu kochen und in Würfel geschnitten dem Eintopf wieder zuzugeben. Mit Salz und Pfeffer abschmecken. Zum Servieren eine reichliche Menge frisch gehackter Petersilie zugeben.

Irish Stew

Zubereitungszeit: 2 Stunden
Zutaten für 6–8 Personen

500 g Lammfleisch aus der Keule oder
Schulter, in grobe Würfel geschnitten
(sind Knochen dabei, mit auskochen
und am Schluss herausnehmen)
500 g mageres Rindfleisch,
wie Lammfleisch vorbereiten
1 l Wasser
250 g Zwiebeln, in Scheiben geschnitten
600 g Weißkohl, ohne Strünke und Deck-
blätter, in 3–4 cm lange Stücke geschnitten
2 Knoblauchzehen, fein gehackt
Salz, schwarzer Pfeffer aus der Mühle
5 Pfefferkörner
2 Lorbeerblätter
2 Nelken
1 TL Majoran
1 TL Thymian
2 dicke Stangen Lauch, nur das Helle,
in fingerdicke Stücke geschnitten
2 Möhren, in Scheiben geschnitten
5 Schalotten, geschält
300 g Kartoffeln, geschält,
in Scheiben geschnitten
1 EL Fleischextrakt
1 EL Speisestärke,
in 1 Tasse Rotwein aufgelöst
1 Bund Petersilie, fein gehackt

1. Fleisch in einem hohen Topf mit Wasser kalt aufsetzen. Bei mittlerer Hitze etwa 30 Minuten kochen lassen. Abschäumen.

2. Zwiebeln, Weißkohl, Knoblauch, Salz und Gewürze zugeben und bei kleiner Hitze mit Deckel 1 Stunde weiterkochen lassen. Ab und zu rühren.

3. Nach 1 Stunde Lauch, Möhren, Schalotten und Kartoffeln zugeben. Bei kleiner Hitze offen etwa 30 Minuten weiterkochen. Ab und zu rühren.

4. Fleischextrakt und aufgelöste Stärke zufügen und einmal aufkochen. Mit Salz und Pfeffer abschmecken. Mit Petersilie bestreut servieren.

Getränk: Einfacher kräftiger Rotwein oder dunkles Bier (Stout)

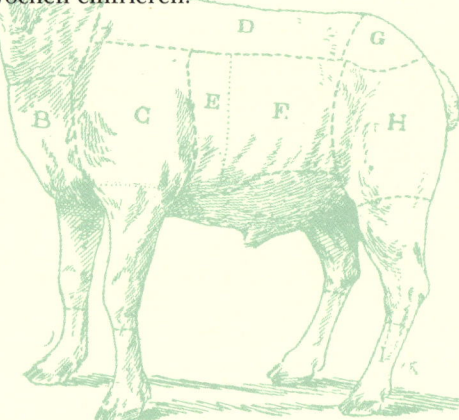

☞ Wer kein Lamm mag, kann die gleiche Menge Schweinefleisch (Hals oder Nacken) nehmen. Stew lässt sich (ohne Petersilie) 8 Wochen einfrieren.

Niedersachsen

So vielfältig sich Niedersachsens Landschaft darstellt, so verschieden präsentieren sich auch die kulinarischen Regionen.

Da die Grenzen kulinarischer Freuden fließend sind, mag der Ostfriese ebenso Birnen, Bohnen und Speck, oder Grünkohl – hier kurz „Kool" genannt – wie auch Erbsen- und Bohnensuppe. Die Kartoffelsuppe unterscheidet sich von anderen Landschaftsgerichten durch die Einlage von Granat (Krabben). In fast jedem Eintopf kocht ein Stück Speck oder Hammelfleisch von den Lämmern der „pré-salé" Küstenweiden mit.

So karg, wie man landläufig meint, ist die Lüneburger Heide gar nicht. Ihre Menschen können sehr wohl von Ackerbau und Viehzucht leben. Der Boden gibt Buchweizen, Kartoffeln, Pilze, Kräuter und viele Wildbeeren her, Fleisch bekommt man von Wild und den Heidschnucken. Darüber hinaus sorgen Honig und Süßwasserfische für eine Bereicherung des Speiseplans.

Das sah in früheren Zeiten etwas anders aus, als große Wälder das Gebiet beherrschten und die Salzgewinnung unter Tage mühsam war.

Einige traditionelle, einfache Gerichte habe ich hier schätzen gelernt. Allen voran die Läpelkost, bei der die Mahlzeiten aus einer großen Pfanne, die mitten auf dem Tisch steht, gelöffelt wird. Das beginnt schon morgens in der Frühe mit einer Brotsuppe aus dicken Scheiben Brot, mit heißer Milch oder Wasser übergossen. Mittags gibt's aus ebendieser Pfanne einen dicken, schmackhaften Eintopf (Rezept folgt) und abends bröckelt man wiederum Brot oder auch Kartoffeln in Brühe oder heiße Milch, abgeschmelzt mit Speckfett.

Der Harz ist zwar politisch auf drei Länder aufgeteilt, kulinarisch aber bildet er weitgehend eine Einheit. Bergbau und das Köhlerhandwerk bestimmten die Lebensweise der Bevölkerung. Beides existiert kaum noch, andere Industriezweige haben sich angesiedelt, besonders die „weiße Industrie", der Tourismus. Wunderbare Wege in einer romantischen Landschaft laden zum Wandern und Erholen ein. Das Leben, das die Esskultur prägte, war aber ein schlichtes, wenn nicht karges. Denken wir an die Köhler, die oft wochenlang von zu Hause fort waren, um ihre Meiler zu betreuen. Sie versorgten sich im Wald, so gut es ging, selbst.

Ostfriesland und Emsland

Panne-Fis

Zubereitungszeit: 15 Minuten
Zutaten für 4 Personen

1 Zwiebel, gewürfelt
150 g geräucherter Speck, gewürfelt
500 g gekochte Kartoffeln, gewürfelt
500 g gekochter Fisch, entgrätet
und in große Stücke geschnitten
Salz, Pfeffer
1 kleine Tasse Milch
gehackte Petersilie

1. Speck in einer Pfanne auslassen und mit der Zwiebel goldbraun anbraten.

2. Kartoffeln und Fisch dazu geben. Bei mittlerer Hitze weiterbraten.

3. Würzen und mit etwas Milch übergießen. Noch eine kleine Weile schmoren lassen und abschmecken.

4. Mit viel Petersilie überstreut servieren.

Das Gericht kommt in der Pfanne auf den Tisch. Es ist sowohl ein sättigender Eintopf als auch ein bequemes Reste-Essen.

Buskool (Weißkohl)

Zubereitungszeit: 45 Minuten
Zutaten für 6–8 Personen

1 1/2 kg Weißkohl oder Wirsing,
in Streifen geschnitten (ohne Strunk)
2 l Salzwasser
1 kg gekochte Kartoffeln, gewürfelt
30 g Butter
30 g Mehl
1/2 l Milch
Salz, Muskat
1 Ei
Zum Bestreuen:
1 zerbröselter Zwieback
Butterflöckchen

1. Den Kohl 15 Minuten in dem Salzwasser garen, dann abgießen.

2. Aus Butter, Mehl und Milch eine helle Sauce herstellen und diese mit Salz und Muskat abschmecken.

3. Das Ei verschlagen und in die heiße Sauce rühren. Buskool und Kartoffeln mischen und in eine feuerfeste Form geben. Die Sauce darüber gießen und mit der Gabel leicht unterheben. Mit Zwiebackbröseln und Butterflöckchen bestreuen.

4. Zum Überbacken für 10 Minuten in den heißen Backofen schieben.

Grauartsopp

*Graue-Erbsen-Suppe wird fast nur im Winter gegessen. Da sie schwer verdaulich ist,
kocht man – der besseren Verträglichkeit halber – eine Prise Natron mit.
Aber Vorsicht: Natron schäumt beim Einstreuen!*

Zubereitungszeit: 2 Stunden 30 Minuten
Zutaten für 4 Personen

250 g graue Erbsen,
über Nacht in 1 1/2 l Wasser eingeweicht
2 Möhren, gewürfelt
2 Stangen Lauch, in Ringe geschnitten
Salz
500 g durchwachsener luftgetrockneter
Speck, gewürfelt
250 g Zwiebeln, gewürfelt
40 g Schmalz

1. Die Erbsen mit dem Einweichwasser und dem Gemüse 2 bis 2 1/2 Stunden kochen. Eventuell 1 Prise Natron mitkochen lassen. Mit Salz abschmecken.

2. Speckwürfel in einer Pfanne kross braten. In einer kleinen Schüssel warm halten.

3. Die Zwiebelwürfel in dem Schmalz leicht braun braten. Ebenfalls warm halten.

4. Die Erbsen werden zwar getrennt von Speck und Zwiebeln serviert, aber zusammen von einem tiefen Teller gegessen.

☞ Dazu serviert man Senf und Essigpflaumen mit Saft (auf dem gleichen Teller).

Plumengört (Pflaumengrütze)

Zubereitungszeit: 2 Stunden 30 Minuten
Zutaten für 6 Personen

500 g Schinken
300 g Graupen
1 l Wasser
300 g getrocknete Pflaumen mit Stein,
in warmem Wasser eingeweicht
1 EL Einweichwasser (Pflaumen)
evtl. Salz zum Nachwürzen

1. Schinken und Graupen mit kaltem Wasser aufsetzen und 1 3/4 Stunden kochen.

2. Dann Pflaumen und etwas Sirup zugeben. Eine weitere Dreiviertelstunde kochen lassen. Eventuell mit Salz nachwürzen.

3. Das Fleisch klein schneiden. In die Suppe zurückgeben und auftragen.

☞ Dazu isst man in Ostfriesland Schwarzbrot. Häufig wird das Fleisch auch am anderen Tag kalt zu Brot gegessen.

Möhreneintopf aus dem Emsland

Zubereitungszeit: 45 Minuten
Zutaten für 4 Personen

2 EL Butter
1 Zwiebel, gewürfelt
250 g durchwachsener geräucherter
Bauchspeck, in große Würfel geschnitten
1/2 l Brühe
1 kg Möhren, gewürfelt
1 kg Kartoffeln (mehlig kochend),
geschält und gewürfelt
Salz, Pfeffer
4–6 EL Apfelmus

1. Die Butter im Topf zerlassen. Die Zwiebeln darin glasig dünsten.

2. Den Speck hinzu geben und kurz durchbraten. Mit Brühe ablöschen. Die Möhren und Kartoffeln lagenweise darauf schichten. Salzen und pfeffern. Den Deckel auflegen und 20 Minuten garen.

3. Danach das Apfelmus unterrühren und das Gericht leicht stampfen.

☞ Dazu isst man zünftig einen aufgerollten Pfannkuchen aus der Hand.

Dicker Reis mit Schinken

Ein echt Emsländer Rezept, das als schnelles Hauptgericht serviert wird.

Dazu kocht man einen dicken Milchreis nach üblicher Art und isst dazu hauchdünn geschnittenen, luftgetrockneten Schinken. Er wird aufgerollt aus der Hand gegessen. Wenn der Schinken zu dünn oder zu karg ausfällt, dann muss sich die Hausfrau folgenden Spruch gefallen lassen: „Stina, mak de Fenster to, süss weiht mi de Schinken von'n Disk".

Ammerland und Oldenburger Land
Braunkohl und Pinkel

In Westfalen nennt man ihn Grünkohl, in Niedersachsen Braunkohl. Sowohl in Bremen als auch und vor allem im Oldenburger Land ist folgendes Gericht so beliebt, dass es zum Mittelpunkt vieler Feste wird, als da sind die Bremer Schaffermahlzeit und die Kohlessen der Stadt Oldenburg, zu denen seit vielen Jahren die Größen aus Wirtschaft und Politik geladen werden. Der leistungsfähigste Esser wird dann zum Kohlkönig erklärt. Viele berühmte Männer haben diese Auszeichnung erworben. Private Kegel-, Fahrrad- oder Kartenklubs unternehmen im Winter gerne Kohlfahrten aufs Land, wo man sich am Braunkohl dann so richtig satt essen kann.

Zubereitungszeit: 1 Stunde 30 Minuten
Zutaten für 6 Personen

1 1/2 kg Braunkohl, vom Strunk und den Rippen befreit und sehr grob zerzupft
1 l Salzwasser
1/2 l Brühe
Salz, Pfeffer
2 Zwiebeln, gewürfelt
250–300 g fetter geräucherter Bauchspeck
6 Pinkel (das sind Grützwürste)

1. Den Kohl mit kochendem Salzwasser überbrühen. Das Wasser abschütten und den Kohl leicht auspressen. Mit der Brühe in einen großen Topf geben. Würzen.

2. Die Zwiebeln untermengen und den Speck obenauf legen. Den Deckel auflegen und 20 Minuten leicht kochen lassen.

3. Dann die Würste dazugeben und nochmals 20 Minuten bei milder Hitze garen.

☞ Dazu isst man Salzkartoffeln.

Zwischenahner Aaltopf (Quappensuppe)

Aale aus dem Zwischenahner Meer sind Süßwasserfische.
Sie werden auch Quappen genannt und werden bis zu 50 cm lang. Ihr Fleisch ist sehr
schmackhaft und leicht verdaulich. Auf meinen Wanderungen durch Norddeutschland
bleibt mir das idyllische Zwischenahner Meer in bester Erinnerung. Und erst
das Schmoortaal-Essen im alten Speicher war ein Genuss. Schmoortaale sind frisch
geräucherte Quappen, die man aus der Hand isst und mit einem „Klaren" genießt.

Zubereitungszeit: 1 Stunde 30 Minuten
Zutaten für 4 Personen

1 1/2 l Brühe
1 großer Schinkenknochen
1/2 l Weißwein
2 Möhren, gewürfelt
1 Stange Lauch, in Ringe geschnitten
750 g Quappen, in große Stücke zerteilt
(ohne Kopf und Schwanz)
1 Bund frische Kräuter, bestehend aus
Petersilie, Estragon, Kerbel, Salbei,
Thymian, Bohnenkraut, ganz fein gehackt
2 Eigelb
etwas Zitronensaft

1. Die Brühe mit dem Knochen aufsetzen und 1 Stunde lang zu einer herzhaften Suppe kochen.

2. Dann den Knochen entfernen und Weißwein und Gemüse in die Suppe geben. Weitere 10 Minuten kochen lassen.

3. Den Fisch zufügen. Nach nochmals 10 Minuten die Kräuter einstreuen. Vorsichtig umrühren.

4. Mit Eigelb legieren und mit Zitronensaft abschmecken.

☞ Mit kleinen Brötchen oder gebuttertem Schwarzbrot servieren. Die Suppe eignet sich nicht gut zum Aufwärmen.

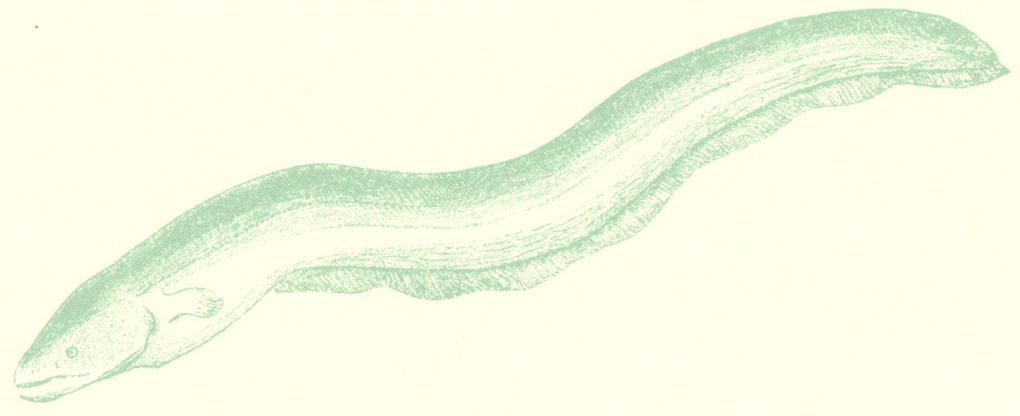

Bückelfisch-Suppe

Beim Stöbern in alten Kochbüchern fand ich bei Betty Gleim:
„Zur Vorbereitung die Heringe 1 Nacht in den Wind hängen". Wässern ist mir lieber.

Zubereitungszeit: 30 Minuten
ohne Wässern der Heringe
Zutaten für 4 Personen

6 Salzheringe
1 EL Schmalz
1 Zwiebel, gewürfelt
1 l Brühe
250 g Schnittbohnen (Insett-Baunen)
500 g Kartoffeln, gekocht und gewürfelt
Essig nach Geschmack
1 Prise Zucker

1. Die Heringe 1 Stunde wässern, dabei das Wasser häufig wechseln.

2. Die Zwiebel in Schmalz leicht anbraten und mit der Brühe ablöschen.

3. Die Heringe in Stücke schneiden, in die Suppe geben. Schnittbohnen mit Wasser abspülen, danach mit den Kartoffeln zur Suppe geben. 15 Minuten kochen lassen.

4. Mit Essig, evtl. auch einer Prise Zucker abschmecken.

Lüneburger Heide

Mittägliches Läpelgericht

Zubereitungszeit:
Zutaten für 6 Personen

1 kg Rauchfleisch,
einige Stunden gewässert
1 Bund Suppengrün, zerkleinert
1 kg Kartoffeln, gekocht und gepellt
1/2 l Kochbrühe, das Fett abgeschöpft
Buchweizenmehl nach Bedarf

1. Mit dem Rauchfleisch das Suppengrün kochen. Danach die Brühe beiseite stellen.

2. Die Kartoffeln zu Brei stampfen und mit Brühe und Buchweizenmehl zu einem dicken Brei verarbeiten. Klöße daraus formen. In Brühe garen.

3. Das Fleisch klein schneiden. Das Fett in einer tiefen Pfanne erwärmen, die Klöße darin drehen, das Fleisch obenauf legen.

Man isst aus der Pfanne, wobei man die Klöße mit dem Löffel durch das Fett dreht und abwechselnd mit dem Fleisch verzehrt.

Heidschnucken-Eintopf

Zubereitungszeit: ca. 2 Stunden
Zutaten für 6 Personen

1 kg mageres, zartes Lammfleisch
1 1/2 l Wasser
400 g Petersilienwurzeln, geschabt,
fein geschnitten
200 g Sellerie, geschält, gewürfelt
1 Lauchstange, nur das Weiße,
in Ringe geschnitten
500 g Kartoffeln, geschält und gewürfelt
oder 125 g Perlgraupen
2 EL glatte Petersilie, gehackt
1 EL Basilikumblätter,
in Streifen geschnitten
1 EL gekörnte Brühe (Instant)
1 EL Speisestärke,
in 1/2 Tasse Rotwein gelöst
Salz
schwarzer Pfeffer aus der Mühle

Einlage: *in Salzwasser gekochte*
Kartoffelwürfel

1. Fleisch mit kaltem Wasser in einem mittelgroßen Topf bei mittlerer Hitze zum Kochen bringen. Abschäumen und mit Deckel bei kleiner Hitze knapp 1 Stunde kochen.

2. Gemüse (außer Lauch) dazugeben und bei kleiner Hitze mit Deckel unter gelegentlichem Rühren 50 Minuten kochen.

3. Lauch und Kartoffeln dazugeben und noch 5 Minuten bei kleiner Hitze ohne Deckel kochen. Ab und zu rühren. Falls notwendig, entfetten.

4. Die in Rotwein gelöste Speisestärke und die gekörnte Brühe einrühren. Unter Rühren noch einmal aufkochen und 5 Minuten bei kleiner Hitze offen köcheln.

5. Fleisch in mundgerechte Stücke schneiden und wieder unterrühren. Dann Kräuter untermengen und mit Salz und Pfeffer abschmecken.

Getränk: Kräftiger Rotwein

Zwiebel-Rindfleisch-Kasserolle

Zubereitungszeit: 1 Stunde 30 Minuten
Zutaten für 4–6 Personen

500 g Rindfleisch
(z. B. Rouladenfleisch oder falsches Filet),
in dünne Scheiben geschnitten
500 g mittelgroße Kartoffeln, geschält und
ebenfalls in dünne Scheiben geschnitten
500 g Zwiebeln, in Scheiben geschnitten
250 g Möhren, in Scheiben geschnitten
1 Stange Lauch oder 150 g Sellerie
1/4 l Brühe (Instant)
Salz, Pfeffer
2 Lorbeerblätter
1 Becher saure Sahne oder Crème fraîche

1. Eine Auflaufform oder eine gusseiserne Kasserolle ausfetten. Schichtweise Fleisch, Kartoffeln, Zwiebeln und Gemüse einfüllen. Jede Lage schwach würzen. Die Lorbeerblätter zugeben.

2. Die Brühe mit der Sahne verquirlen und über den Eintopf gießen.

3. Den Topf oder die Auflaufform dicht verschließen und für 1 Stunde in dem auf 200 °C vorgeheizten Backofen garen.

Kartoffelauflauf

(an manchen Orten auch Kartoffelkuchen genannt)

Zubereitungszeit: 1 Stunde 20 Minuten
Zutaten für 6–8 Personen

2 kg Kartoffeln, geschält
2 dicke Zwiebeln
1 Brötchen, in Scheiben geschnitten
2 Eier, etwas Milch
200 g geräucherter Bauchspeck, gewürfelt
Salz, Pfeffer, 1 Prise Muskat
Öl zum Ausfetten der Form

1. Kartoffeln und Zwiebeln fein reiben. Das Brötchen in etwas Wasser einweichen und ausdrücken. Alle Zutaten vermengen.

2. Eine feuerfeste Form ausfetten und die Masse einfüllen.

3. Im Backofen bei 225 °C etwa 1 Stunde garen.

Sollte der Auflauf zu dunkel werden, deckt man ihn mit Alufolie ab.

Heidjers Abendbrot

Zubereitungszeit: 30 Minuten
Zutaten für 4–6 Personen

40 g Schmalz
2 kg Kartoffeln, gekocht und gepellt
4 Zwiebeln, in Scheiben geschnitten
250 g Schinkenspeck, gewürfelt
3 Wacholderbeeren, zerquetscht
Salz, Pfeffer
3 Stängel Petersilie, fein gehackt
6–8 Eier, verquirlt
2–3 Tomaten in Scheiben

1. Das Fett in einer großen Pfanne zerlassen. Die Kartoffeln in Scheiben schneiden und in der Pfanne anbraten. Zwiebeln und Speck hinzufügen und mitbraten.

2. Gewürze und Petersilie mischen und mit den Eiern verrühren. Die Eimasse über die Kartoffeln gießen und zu einem Omelett stocken lassen. Mit Tomatenscheiben garnieren.

Getränk: Schnaps und Bier servieren.

Der Harz

Köhlersuppe (Schiebensupp)

Darunter versteht man eine Suppe, die aus Talg (Nierenfett), dunklen Brotscheiben,
Salz und Wasser gekocht wurde. Im Herbst reicherten Waldpilze den Eintopf an.
In vielen Familien aber aß man statt dessen eine Roggenmehlsuppe,
denn jedem Bergmann stand ein gewisses Deputat „Herrenkorn" zu.

Zubereitungszeit: 30 Minuten
Zutaten für 6 Personen

40 g Nierenfett, gehackt
60 g Roggenmehl
2 Zwiebeln, gewürfelt
1 1/2 l Wasser mit Salz und Kümmel
oder Brühe

Einlagen je nach Jahreszeit: Waldbeeren,
Pilze, Rauchfleisch

1. Das Fett in einem Kessel erhitzen und Zwiebeln und Mehl darin anrösten. Mit dem gewürzten Wasser oder mit Brühe ablöschen.

2. Gut 20 Minuten durchkochen.

Manchmal kochte man auch Wacholderbeeren, Lorbeerblätter oder Pfefferkörner mit.

☞ Die Suppe je nach Jahreszeit anreichern.

Handwerker-Mahlzeit

Zubereitungszeit: 45 Minuten
Zutaten für 6 Personen

Für die Klopse:
300 g Schweinefleisch, durchgedreht
500 g Lammfleisch (Keule oder Rücken),
durchgedreht
2 TL Salz
1 EL Majoran
2 Knoblauchzehen, zerdrückt
5 EL Selterwasser
etwas schwarzer Pfeffer

Außerdem:
100 g Speck, gewürfelt
30 g Butter
1 große Zwiebel, fein gehackt
1 EL Mehl
$^1/_2$ l Fleischbrühe (Instant)
500 g Tomaten, enthäutet, grob gehackt
200 g Champignons, geviertelt

1. Aus den angegebenen Zutaten für die Klopse einen lockeren Teig herstellen und tischtennisball-große Klopse formen.

2. Speck in der Pfanne auslassen, dann die Speckwürfel entfernen (für die Sauce aufheben). In dem verbleibenden Fett die Klopse bei kleiner Hitze rundherum anbraten, bis sie braune Farbe haben. Beiseite stellen.

3. In einer zweiten Pfanne die Butter zerlassen. Zwiebel darin weich dünsten, mit dem Mehl bestäuben, unter Rühren hellbraune Farbe annehmen lassen.

4. Langsam die Fleischbrühe zugießen. Immer weiter rühren. Dann die Tomaten und Champignons in die Pfanne geben. 5 Minuten kochen lassen.

5. Jetzt die Klopse mit den ausgebratenen Speckwürfeln in die Sauce einlegen und einige Minuten bei kleinster Hitze nachziehen lassen.

☞ Es gibt Salzkartoffeln dazu oder man gibt gekochte und gewürfelte Kartoffeln in die Suppe.

Halberstädter Kartoffelpfanne

Zubereitungszeit: 1 Stunde
Zutaten für 4 Personen

1 kg Kartoffeln, gekocht und gepellt
250 g feine Kalbsleberwurst
2 Zwiebeln, gewürfelt
2 Eier, verquirlt
4 Tomaten, gehäutet und entkernt
$^1/_4$ l Milch
Butter

1. Die heißen Kartoffeln durch eine Presse drücken. Auskühlen lassen und mit Leberwurst, Zwiebeln und Eiern verkneten.

2. Das Tomatenfleisch würfeln, zum Teig geben und alles mit Milch halb weich rühren.

3. Eine Auflaufform buttern. Den Teig einfüllen und glatt streichen. Butterflöckchen obenauf!

4. Bei 225 °C im vorgeheizten Ofen goldbraun überbacken.

Dieses Gericht wird traditionell aus der Auflaufform gegessen.

Runx Munx

Ein kräftiger Eintopf aus dem reicheren Harzvorland.
Den Bauern der Börde stand mehr Gemüse zur Verfügung als den Oberharzern.

Zubereitungszeit: 2 Stunden
Zutaten für 6 Personen

2 Steckrüben, geschrubbt und gewürfelt
500 g Kartoffeln, geschält und gewürfelt
1/2 Weißkohl (ca. 500 g), fein gehobelt
1 kg Birnen oder Äpfel, geschält
1 1/2 l Salzwasser
1 Speckschwarte
500 g fettes Schweinefleisch
oder Bauchspeck
100 g Speckwürfel
2 Zwiebeln, gewürfelt
Essig, Salz, Zucker, evtl. Kümmel

1. Steckrüben und Kartoffeln getrennt weich kochen.

2. Den Kohl in reichlich Wasser geben. Salz zufügen, ebenso die Schwarte und das Fleisch. 30 Minuten kochen lassen. Danach die Birnen obenauf legen. Weitere 10 Minuten kochen.

3. Speckschwarte und Fleisch herausnehmen und klein schneiden.

4. Steckrüben und Kartoffeln abgießen, unter den Kohl mengen (Kartoffelwasser auffangen).

5. Speckwürfel und Zwiebeln ausbraten. Mit dem Fleisch untermengen. Mit Salz, Essig, Zucker und evtl. etwas gemahlenem Kümmel süß-sauer abschmecken.

Das Gericht sollte suppig sein. Wenn zuviel Wasser eingekocht ist, verlängert man den Eintopf mit etwas Kartoffelkochwasser.

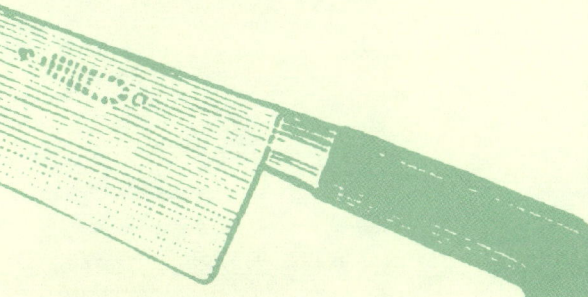

Birnenkartoffeln

*Was mir bei meinen Harzwanderungen auffiel? Die vielen Birnbäume. Nachfragen
ergaben, dass schon die Zisterzienser des Klosters Walkenried im frühen Mittelalter die
gesundheits- und verdauungsfördernde Wirkung der Birne erkannt und gepriesen hatten.
Somit wurden diese vielfältig verarbeitet: roh und frisch vom Baum, gemostet und
gebrannt, gedörrt und kandiert. Und nicht zuletzt zu Suppen und Eintöpfen verarbeitet.*

Zubereitungszeit: ca. 1 Stunde
Zutaten für 6–8 Personen

1 kg Kartoffeln, geschält
1 1/2 kg (etwa 6) große Birnen, geschält
Salzwasser
Zucker, 1 EL Zitronensaft
100 g geräucherter Bauchspeck, gewürfelt
300 g Zwiebeln, gewürfelt
1/4 l Milch

1. Die Kartoffeln in Salzwasser garen.

2. Die Birnen halbieren, die Kerngehäuse
ausstechen, mit Zitronensaft beträufeln und
mit Zucker bestreuen. In wenig Wasser
weich kochen.

3. Den Speck und die Zwiebeln goldgelb
ausbraten. Mit Milch ablöschen.

4. Die Kartoffeln abgießen und in der
Milch zerstampfen. Ebenso die Birnen leicht
zerstampfen und dazugeben.

☞ Wer mag, isst gebratene Rotwurst dazu.
Sie wird in Scheiben geschnitten, gebraten
und oben auf den Eintopf gelegt.

Land zwischen Weser und Aller und Osnabrücker Land

Niedersächsischer Gersteneintopf

Zubereitungszeit: 1 Stunde
Zutaten für 4–6 Personen

100 g durchwachsener Speck, gewürfelt
2 große Zwiebeln, gewürfelt
1 Bund Suppengrün, klein geschnitten
1 l Fleischbrühe (Instant)
300 g Karoffeln, gewürfelt
200 g geräucherte Blutwurst,
in Scheiben, mit Pelle
100 g Gerstengraupen, gewaschen,
abgetropft
Salz, schwarzer Pfeffer aus der Mühle
1 kleine Zwiebel, fein gehackt
1 EL Schweineschmalz
2 EL glatte Petersilie, gehackt

1. In einem größeren Topf (etwa 5 Liter Fassungsvermögen) Speck, Zwiebeln und Suppengrün bei mittlerer Hitze kurz anbraten, bis der Speck Farbe annimmt und die Gemüse glasig sind (5 Minuten unter Rühren).

2. Mit der Brühe ablöschen. Kartoffeln, Blutwurst und Graupen zugeben. Salzen und pfeffern.

3. Bei kleiner Hitze 40 Minuten mit Deckel köcheln lassen. Ab und zu umrühren.

4. Fein gehackte Zwiebeln mit Schmalz bis zur leichten Bräunung anbraten und über den Eintopf geben. Vor dem Servieren mit gehackter Petersilie bestreuen.

Getränk: Bier und Korn

Hält sich im Kühlschrank 2–3 Tage, eingefroren 1–2 Monate, wird dabei dicker. Beim Aufwärmen 1 Tasse Wasser zufügen und bei kleiner Hitze gut durchrühren, da Graupen leicht anbrennen.

Braunschweiger Frühlingssuppe

Zubereitungszeit: 1 Stunde 30 Minuten
Zutaten für 4 Personen

4 EL Olivenöl
3 Möhren, in dünne Scheiben geschnitten
3 Stangen Sellerie (nur die inneren hellen
Teile), in dünne Ringe geschnitten
1/2 Blumenkohl, in Röschen geschnitten
4 Frühlingszwiebeln, in dünne Scheiben
geschnitten
150 g junge, zarte Brechbohnen,
in Stücke gebrochen
100 g junge grüne Erbsen
(evtl. tiefgekühlt)
einige Stangen Spargel,
geschält und in Stücke geschnitten
3 große Fleischtomaten, gebrüht,
enthäutet, entkernt, gewürfelt
1 1/2 l Fleischbrühe (Instant)
100 g Reis
1 Zweig Rosmarin
2 EL glatte Petersilie, gehackt
1 EL Basilikumblätter, in Streifen
geschnitten
Salz
weißer Pfeffer aus der Mühle

1. Öl im großen Topf heiß werden lassen und unter Rühren bei kleiner Hitze die Gemüse (ohne Tomaten) 5 Minuten anschwitzen. Mit Brühe ablöschen. Salz und Rosmarinzweig dazugeben. Mit Deckel bei kleiner Hitze 35 Minuten kochen. Ab und zu rühren.

2. Reis einrühren und bei kleiner Hitze mit Deckel unter gelegentlichem Rühren noch 15 Minuten kochen.

3. Rosmarinzweig herausnehmen, Tomatenwürfel dazugeben. Kurz aufkochen. Mit Salz und Pfeffer abschmecken, Kräuter dazugeben.

☞ Die Suppe wird gehaltvoller, wenn man ein großes Stück Rindfleisch abkocht und dieses gewürfelt in der Suppe mitkocht.

Göttinger Sauerkrautsuppe mit Entenbrust

Zubereitungszeit: 1 Stunde
Zutaten für 6 Personen

300 g Entenbrust-Filet
20 g Butterschmalz
150 g Zwiebeln, in Spalten geschnitten
500 g Sauerkraut
100 g getrocknete Aprikosen, halbiert
1 Lorbeerblatt
1 TL Kümmel
1 TL Wacholderbeeren
1 $\frac{1}{2}$ l Gemüsebrühe
2 Äpfel, geschält, in Spalten geschnitten
30 g Butter
Meersalz, weißer Pfeffer aus der Mühle
1 EL Thymianblätter

1. Einen schweren Topf erhitzen. Das Entenfilet von beiden Seiten salzen und mit der Hautseite nach unten in den Topf legen. Die Hitze verringern, Entenfilet von einer Seite 7 Minuten braten, dann umdrehen und weitere 3 Minuten braten, herausnehmen und fest in Alufolie wickeln.

2. Butterschmalz zum Entenfett geben, Zwiebeln 5 Minuten darin dünsten. Sauerkraut, Aprikosen, Lorbeer, Kümmel und Wacholder zugeben und verrühren. Mit der Gemüsebrühe auffüllen und zugedeckt bei milder Hitze 30 Minuten garen.

3. Apfelspalten in der Butter von beiden Seiten andünsten, mit Pfeffer und Thymian würzen. Äpfel unter das Kraut mischen.

4. Entenbrust in dünne Scheiben schneiden, den angesammelten Saft in die Suppe gießen. Fleisch unterheben, 5 Minuten ziehen lassen, noch einmal abschmecken und servieren.

Hackelmus

Bei Hochzeiten im Hannoverschen war das Hackelmus ein traditionelles Gericht.

Aus einem Osnabrücker Kochbuch aus dem 19. Jahrhundert:

Ein Kalbskopf wird gekocht, das Fleisch gelöst und in Stücke geschnitten. Ebenso werden Herz, Leber und Lunge gekocht und gewürfelt. An die Fleischbrühe wird etwas Mehl geschwitzt, etwas Essig zugetan und durch Sirup versüßt. Endlich kommen noch Salz, Pfeffer und Rosinen an die Sauce. Diese wird mit dem zerschnittenen Fleisch nochmals aufgekocht und angerichtet.

Geisekohl

Geisekohl, auch unter dem Namen Giersch bekannt, wächst an Weges- und Ackerrändern und wird im Emsland nach der ersten Heuernte, wenn der Kohl noch zart ist, zu einem schmackhaften Eintopf verarbeitet.

Zubereitungszeit: etwa 1 Stunde
Zutaten für 4 Personen

500 g durchwachsener Speck
4 Mettwürstchen, geräuchert
2 Zwiebeln, grob zerkleinert
1 l Wasser
1 kg Kartoffeln, geschält und gewürfelt
1 kg junger Giersch,
entstielt und in Streifen geschnitten
Salz, Pfeffer

1. Speck, Würstchen und Zwiebeln mit dem Wasser auf den Herd setzen und 15 Minuten kochen.

2. Danach Giersch und Kartoffeln einfüllen und weich kochen.

3. Mit Salz und Pfeffer abschmecken und die Suppe leicht durchstampfen.

☞ Man kann die Würstchen in Stücke schneiden und in der Suppe warm halten oder im Teller zerteilen und mit der Suppe übergießen.

Mecklenburg-Vorpommern

Das Land der Ostseeküste war immer schon voller Gegensätze: Kreidefelsen und gotische Backsteingiebel, Schlösser und Katen, Herren und Tagelöhner...

Geblieben ist eine große kulinarische Tradition. Der Bildhauer Ernst Barlach, der Mecklenburgs Küche über alles schätzte, schrieb über seine Heimat: „Güstrow ist ein Ort, wo man immer leben kann, trotz Italien.

Mecklenburgische Küche war immer herzhafte Hausmannskost. Daran kann auch die dichterische Verklärung Heinrich Seidels nichts ändern, der in Mecklenburg das Land der „köstlichsten Schinken, dicksten Mettwürste, längsten Spickaale, fettesten Gänse und der besten Äpfel" sah.

Auffallend an vielen typischen Mecklenburger Mahlzeiten ist die Kombination unüblicher Zutaten, die sich am Ende zu einer überraschend harmonischen Geschmackssinfonie verbinden. Wo sonst findet man Sellerie, Möhren, Lauch, Blumenkohl und Lorbeerblätter mit einer Ente als Eintopf verfeinert, oder die Kombination von grünen Stachelbeeren und Kalbsbrust, bei der als Gewürz Zimt nicht fehlen darf?

Betenbartsch

Zubereitungszeit: 1 Stunde 45 Minuten
Zutaten für 4–6 Personen

500 g Rote Bete
3 EL Essig
750 g Rindersuppenfleisch
2 Zwiebeln, gewürfelt
2 TL Salz
1 Bund Suppengrün, gewürfelt
2 TL gekörnte Brühe
4 EL Mehl
weißer Pfeffer aus der Mühle
(10 Umdrehungen)
1 EL Zucker
1/2 EL Majoran
1 Becher saure Sahne

1. Rote Bete unter Wasser bürsten, säubern, ungeschält gar kochen (30 Minuten), abgießen, dünn abschälen, raffeln oder in streichholzdünne Streifen schneiden und diese dann mit 2 Esslöffeln Essig säuern.

2. Rindfleisch in 1 1/2 l kaltem Wasser aufsetzen. Beim Aufkochen abschäumen. Zwiebeln, Salz und das Suppengrün dazugeben. 1 1/2 Stunden bei schwacher Hitze garen.

3. Rindfleisch herausnehmen und in kleine Würfel schneiden. Rinderbrühe durchsieben. Rote-Bete-Streifchen in die Brühe geben.

4. Mehl in die Brühe einrühren, kurz aufkochen lassen. 1/2 Becher saure Sahne dazugeben. Rindfleischwürfel in die Suppe geben. Mit Salz, Pfeffer, Zucker, 1 Esslöffel Essig und dem Majoran abschmecken. Umrühren und heiß servieren. Auf jeden Teller obenauf 1 Esslöffel saure Sahne geben.

Kürbis mit Speck

Zubereitungszeit: 1 Stunde 30 Minuten
Zutaten für 4 Personen

750 g geräucherter Bauchspeck
1 Lorbeerblatt, Pimentkörner
50 g Schmalz
1 kg Kürbis (Roter Zentner), geschält,
entkernt und in mundgerechte Stücke
geschnitten
$^1/2$ Stange Lauch, in Scheiben geschnitten
2 Äpfel, geschält und in Achtel geschnitten
2 Tomaten, abgezogen und entkernt
1 Zwiebel, gewürfelt
50 g Mehl
1 Becher Buttermilch
Zucker, Pfeffer, Salz
500 g gekochte Kartoffeln, gewürfelt

1. Den Speck mit Lorbeerblatt und Pimentkörnern mit Wasser knapp bedecken und 1 Stunde lang weich kochen.

2. Im Topf Schmalz erhitzen und Kürbis, Lauch und Äpfel darin anbraten. Mit Speckbrühe ablöschen. Tomaten dazugeben und 20 Minuten kochen lassen.

3. Mehl in Buttermilch verrühren, das Gemüse damit binden. Mit Zucker, Pfeffer und evtl. Salz abschmecken. Kartoffeln untermengen.

4. Den Speck in Scheiben schneiden und oben auf den Eintopf legen.

☞ In manchen Haushalten lässt man die Kartoffeln ganz, legt 1 oder 2 davon auf den Teller und füllt mit dem Gemüse auf.

Pommerscher Eintopf

Zubereitungszeit: ca. 2 Stunden
Zutaten für 4–6 Personen

750 g Rindfleisch
(Querrippe, Nacken oder Bauchlappen)
1 1/2 l Wasser
2 TL Salz
1 Zwiebel
3 EL Schmalz
250 g kleine Zwiebeln, halbiert
1 grüne Paprikaschote, klein geschnitten
1 mittelgroße Schmorgurke, geschält,
entkernt und gewürfelt
1 TL Rosenpaprika
250 g Tomaten, gehäutet, geviertelt und
entkernt
300 g Kartoffeln, gekocht, gepellt,
grob gewürfelt
2 EL Tomatenmark
Salz, schwarzer Pfeffer aus der Mühle
1 Bund Dill, klein gezupft
1 Bund glatte Petersilie, fein gehackt
1 TL Estragonblätter, getrocknet

1. Fleisch in kaltem Wasser mit Salz aufsetzen, mit der Zwiebel etwa 1 1/2 Stunden im kochenden Salzwasser garen. Herausnehmen und in große Würfel schneiden.

2. Schmalz in der Pfanne zerlassen. Halbierte Zwiebeln, Paprikaschnitze und Gurkenwürfel mit dem Paprikapulver 5 Minuten andünsten. Tomatenviertel dazugeben, kurz mitdünsten.

3. Angedünstetes Gemüse und Kartoffelwürfel sowie Tomatenmark in die Brühe geben und weitere 10 Minuten köcheln.

4. Zum Schluss das geschnittene Fleisch zufügen. Mit Pfeffer und Salz abschmecken, Kräuter einrühren.

Mecklenburger Enteneintopf

Zubereitungszeit: 1 Stunde 40 Minuten
Zutaten für 4–6 Personen

1 kleine ausgenommene Ente mit Herz
und Magen
250 g Sellerie in Scheiben
250 g Möhren, in Stifte geschnitten
500 g Kartoffeln, gewürfelt
500 g Lauch mit Grün, in fingerlange
Stücke geschnitten
1 kleiner Blumenkohl,
in Röschen zerpflückt
2 Bund glatte Petersilie, fein gehackt
2 Lorbeerblätter
1 TL Majoran
1 EL gekörnte Brühe
Pfeffer, Salz

1. Die Ente roh vierteln, die Flügel abtrennen, das Brustfleisch vom Knochen lösen. Die Keulen im ersten Gelenk einmal durchtrennen.

2. Die Karkasse (Knochen), die Flügel und den Hals knapp mit leicht gesalzenem Wasser bedeckt zu Brühe auskochen.

3. Das Brustfleisch in Würfel schneiden (Größe: Streichholzschachtel). Magen und Herz würfeln. Die Fleischwürfel mit Salz, reichlich weißem Pfeffer und dem Majoran würzen.

4. Fleisch in schwerem, großem Schmortopf ohne Fett (!) kräftig anbraten, Bruststücke mit der Haut nach unten. Den in Scheiben geschnittenen Sellerie, die in Stifte geschnittenen Möhren und gewürfelten Kartoffeln mit den beiden Lorbeerblättern dazugeben.

5. Alles unter Rühren andünsten und mit der Entenbrühe ablöschen. Gekörnte Brühe einrühren und soviel Wasser dazugießen, dass die Flüssigkeit 2 Finger hoch über den Zutaten steht.

6. Mit halb offenem Deckel den Topf ca. 45 Minuten langsam kochen lassen.

7. Jetzt die fingerlangen Lauchstücke – mit dem Grün – und die Blumenkohlröschen dazugeben. Noch 15 Minuten köcheln.

8. Mit Salz und Pfeffer abschmecken. Reichlich mit Petersilie bestreuen und servieren. (Knochenteller nicht vergessen).

Gänseschwarzsauer, pommersche Art

Zubereitungszeit: 2 Stunden
Zutaten für 4 Personen

Kleinfleisch und Innereien von 1 Gans
1 l Wasser, Salz
2 l Gänseblut (ersatzweise Schweineblut)
500 g gemischtes Backobst,
2 Stunden vor dem Kochen eingeweicht
50 g Pfefferkuchen, zerbröckelt
75 g Zucker
je 1/2 TL Nelkenpulver und Piment
1 EL Zitronensaft, Essig

Kloßteig:
800 g gekochte, gepellte Kartoffeln
175 g Mehl
2 Eier
1 TL Salz, je 1 Prise Muskat und Zucker

1. Das Kleinfleisch in Salzwasser 1 Stunde garen.

2. Das Backobst mit dem Einweichwasser und den Gewürzen 20 Minuten kochen. Unter Rühren den zerbröselten Pfefferkuchen zum Eindicken zugeben.

3. Das Kleinfleisch und das Blut zugeben. Damit das Gericht nicht gerinnt, vorsichtig und abwechselnd mit dem Blut Essig und Zitronensaft unterrühren.

4. Abschmecken, warm halten, aber nicht mehr kochen lassen.

5. Für die Klöße die Kartoffeln durch eine feine Presse drücken und mit allen Zutaten vermischen.

6. Mit nassen Händen mittelgroße Klöße formen, diese in kochendes Salzwasser legen, 20 Minuten gar ziehen lassen und anschließend zum Schwarzsauer geben.

Pommersche Kliebensuppe

Zubereitungszeit: 20 Minuten
Zutaten für 4 Personen

1 l Milch
abgeriebene Schale von 1 Zitrone

Klieben:
100 g Mehl
2 Eier
1 TL Zucker, 1 Prise Salz

1. Die Milch mit der abgeriebenen Zitronenschale zum Kochen bringen.

2. Aus Mehl, Eiern, Zucker und Salz einen Teig rühren.

3. Den Teig „kleckerweise" in die Milch laufen lassen. Bei mäßiger Hitze weiterkochen. Wenn die Klieben oben schwimmen, ist die Suppe fertig.

☞ Heiß servieren. Bei Kindern sehr beliebt.

Hiddenseer Aalsuppe

Zubereitungszeit: 45 Minuten
Zutaten für 4 Personen

1 1/2 l Brühe
(halb Weißwein, halb Fleischbrühe)
500 g Aal, in Stücke geschnitten und
gehäutet
1 Bund Suppengrün,
in mundgerechte Stücke geschnitten
500 g Kartoffeln, geschält, grob gewürfelt
Salz
Abrieb von 1 unbehandelte Zitrone

Einlage: Mehlklöße (Rezept S. 17)

1. Die Brühe zum Kochen bringen. Aal, Suppengrün und Kartoffeln hineingeben und garen.

2. Mehlklöße einlegen und gar ziehen lassen.

3. Mit Salz und Weißwein abschmecken, evtl. abgeriebene Zitronenschale einstreuen.

Wildsuppe

Zubereitungszeit: 1 Stunde 30 Minuten
Zutaten für 4 Personen

750 g Wildkleinfleisch ohne Knochen
(oder 1 kg mit Knochen),
z. B. Rippen, Bauchlappen, Innereien
50 g Schmalz
1 Bund Suppengrün, grob zerschnitten
1 Zwiebel, gewürfelt
1 TL Paprikapulver, edelsüß
Salz, Pfeffer, Lorbeerblatt,
einige Wacholderbeeren
1 Speckschwarte oder 1 Stück Bauchspeck
1 TL Tomatenmark
1 1/2 l Fleischbrühe
je 1/2 Tasse Rotwein, Madeira und
Weinbrand
Saft von 1/2 Zitrone
1/2 Becher saure Sahne oder Crème fraîche

1. Das Fleisch waschen und abtrocknen. Danach mit Salz, Pfeffer und Paprika würzen. Dann das Fett erhitzen und das Fleisch darin rundum braun anbraten.

2. Das Suppengrün und Tomatenmark hineingeben und umrühren. Speck obenauf legen, mit Brühe ablöschen.

3. Wenn das Fleisch weich ist, nimmt man es aus der Suppe, schneidet es klein und fügt es wieder bei. Knochen entfernen und wegwerfen.

4. Das Mehl in der Sahne anrühren, die Suppe damit legieren. Mit Wein und Weinbrand verfeinern. Evtl. mit etwas Zitronensaft würzen.

☞ Dazu isst man in Mecklenburg und Pommern frische Brötchen.

Krabben auf pommersche Art

Zubereitungszeit: 45 Minuten
Zutaten für 4 Personen

500 g geschälte Krabben
500 g geschälte, rohe Kartoffeln,
in feine Scheiben geschnitten
2 Zwiebeln, gehackt
2 EL frische Dillspitzen
1 Becher Crème fraîche
Salz, Pfeffer, Rosenpaprika
2 Sträußchen Petersilie, gehackt
60 g Butter

1. Eine Auflaufform ausbuttern und schichtweise Krabben, Kartoffeln und Zwiebeln einlegen.

2. Nach jeder Dreierschicht gießt man Sahne, vermengt mit Dill und Gewürzen, darüber. Die letzte Schicht besteht aus Kartoffelscheiben.

3. Obenauf Butterflöckchen legen, in den vorgeheizten Backofen schieben und bei 225 °C etwa 30–40 Minuten backen.

Brandenburg und Berlin

„Füll deinen Beutel mit Geld", schrieb Fontane 1864 im Vorwort zu seinen „Wanderungen durch die Mark Brandenburg" – „Reisen in der Mark ist alles andre als billig", fährt er aber nach Aufzählung von allerlei Schwierigkeiten fort: „Wag es getrost und du wirst es nicht bereuen. Eigentümliche Freuden und Genüsse werden dich begleiten."

Ich habe diese Gegend durchstreift und kann das bestätigen.

Hier liebt man's bodenständig und nah an der Realität. So sagt Major Dubslav, in Fontanes „Stechlin" vor die Wahl zwischen Cognac und Danziger Goldwasser gestellt: „Dann bitte ich um Goldwasser. Es ist doch schärfer und so'n bisschen Gold heimelt einen immer an ...".

In der „Mark Brandenburg" – so hieß dieses preußische Land bis zum Ende des Zweiten Weltkrieges, führte Friedrich der Große gegen den Widerstand der Bauern um 1740 den Anbau der Kartoffel ein. Die Tafel an seinem Hof im Schloss Sanssouci in Potsdam ist der Ursprung vieler volkstümlicher Gerichte, die sich bis heute großer Beliebtheit erfreuen. Der Potsdamer Schweinebraten gehört ebenso dazu wie die Jägerschüssel, die auf einem Satt aus Rotkohl, mit Apfelschnaps und Johannisbeergelee abgeschmeckt, auch heute noch hoch geschätzt wird.

Eintöpfe sind aus der brandenburgischen Küche nicht wegzudenken; wo es geht, wird Majoran als Küchenkraut bevorzugt. Die Brandenburger Erbsensuppe hat der letzte deutsche Kaiser, Wilhelm II., in ganz Deutschland populär gemacht – sie war sein Lieblingsgericht. Einzigartig sind die kleinen weißen Teltower Rübchen, die nur im Sandboden um die Stadt Teltow herum gedeihen und mit karamellisiertem Zucker und Bouillon zubereitet werden.

Entensuppe mit Teltower Rübchen

Zubereitungszeit: 2 Stunden
Zutaten für 6 Personen

Kleinfleisch von 1 Ente
1 Bund Suppengrün, gewürfelt
2 l Salzwasser
500 g Teltower Rübchen (ganz kleine)
40 g Butter
2 TL Zucker, 1 Prise Salz
2 EL Mehl
2 EL gehackte Petersilie

1. Das Fleisch in kaltem Wasser aufsetzen und zum Kochen bringen. Abschäumen.

2. Nach 30 Minuten Kochzeit das Suppengrün dazugeben. So lange kochen, bis das Fleisch gar ist (ca. 1 Stunde). Danach das Fleisch von den Knochen absuchen, beiseite stellen.

3. Die Rübchen in Butter mit Zucker und Salz schmoren, bis der Zucker karamellisiert. Mit Mehl bestäuben. Mit der Entensuppe ablöschen, gut durchkochen, damit die Rübchen weich werden.

4. Das Entenfleisch wieder zugeben und kurz erwärmen. Die Suppe mit Petersilie bestreut servieren.

Berliner Kartoffelsuppe

Zubereitungszeit: 1 Stunde
Zutaten für 6 Personen

500 g Kartoffeln, geschält und gewürfelt
1 Bund Suppengrün, grob zerschnitten
1 Zwiebel, gewürfelt
100 g geräucherter Bauchspeck, gewürfelt
1 EL Schmalz
1 1/2 l Brühe
1 Lorbeerblatt
1/2 TL Kümmel
2 Pimentkörner
1/8 l Sahne
Majoran, Salz
30 g Butter
je 2 Scheiben Weißbrot, gewürfelt
2 EL gehackte Petersilie und Kerbel

1. Kartoffeln, Suppengrün, Zwiebel und Speck in Schmalz kurz anbraten. Mit Brühe übergießen und würzen. Den Topf schließen, 20 Minuten kochen lassen.

2. Die Suppe durch ein Sieb passieren. Sahne und Majoran und eventuell Salz einrühren. Herzhaft abschmecken.

3. Die Weißbrotwürfel in Butter kross braten. Über die Suppe geben, dann die Kräuter einstreuen.

☞ Eine beliebte Art ist, den Speck gesondert anzubraten. Die Speckwürfel beiseite stellen und zum Schluss wieder in die Suppe geben.

Brandenburger Erbsensuppe

Zubereitungszeit: 2 Stunden
Zutaten für 4–6 Personen

ca. 1 kg Schweineohren, grob zerschnitten
100 g geräucherte Speckschwarte
(oder Speckstückchen)
350 g gelbe, ungeschälte Erbsen,
über Nacht in 1 l Wasser eingeweicht
3/4 l Brühe
2 EL Butter
1 große Zwiebel, fein gehackt
2 EL Suppengrün, fein gehackt
1 TL Majoran
Salz
schwarzer Pfeffer
nach Geschmack 1/4 l Sahne

1. Schweineohren und Speckschwarte mit den Erbsen im Einweichwasser (falls notwendig, auffüllen, damit alles gut bedeckt ist) 90 Minuten kochen lassen. Zwischendurch abschäumen. Schweineohren herausnehmen. Würfeln!

2. Die in Butter gebräunte Zwiebel mit dem Suppengrün und Majoran zu den Erbsen geben. 20 Minuten mitkochen lassen. Speckschwarte herausnehmen und wegwerfen. Speckstücke fein würfeln.

3. Erbsen durch ein Sieb treiben. Mit Salz und Pfeffer abschmecken. (In manchen Haushalten wird die Suppe nicht passiert.)

4. Nach Geschmack 1/4 l Sahne einrühren und Schweineohren wieder zugeben. Noch einmal aufkochen lassen.

☞ Dazu isst man frisches Kümmelbrot.

☞ Statt Majoran kann man auch Thymian oder Oregano nehmen.

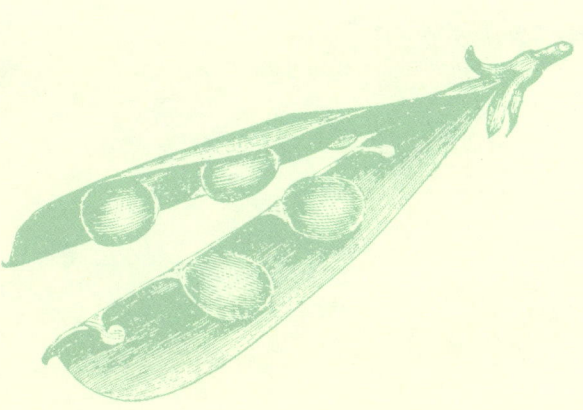

Märkischer Kohlrübentopf

Zubereitungszeit: 1 Stunde 20 Minuten
Zutaten für 6–8 Personen

500 g gepökelter Schweinebauch
(Kasseler Bauch)
1 1/2 l Wasser
2 Gänsekeulen
1 Steckrübe (1 kg oder schwerer),
geschält und gewürfelt
1 EL Majoran
2 EL gekörnte Brühe
Salz, schwarzer Pfeffer aus der Mühle

Einlage:
6 Kartoffeln, geschält, gewürfelt

1. Schweinebauch und Gänsekeulen in Wasser etwa 25 Minuten zugedeckt kochen lassen. Dann die gewürfelten Steckrüben, Majoran und gekörnte Brühe dazugeben. Mit Deckel bei kleiner Hitze 40 Minuten kochen lassen.

2. Wenn die Steckrüben gar sind, Fleisch herausnehmen, von Knochen und Fett befreien und gewürfelt wieder in den Topf zurücklegen. Währenddessen die Kartoffelwürfel in Salzwasser kochen.

3. Die garen Kartoffelstückchen abdampfen und kurz vor dem Essen zusammen mit dem Fleisch zu den Stückrüben geben. Mit Salz und schwarzem Pfeffer abschmecken.

Grünkohlsuppe

Zubereitungszeit: 2 Stunden
Zutaten für 4 Personen

2 Tassen Grütze
1 l Brühe
250–300 g Grünkohl,
abgerippt und fein geschnitten
40 g Butter
1 gekochte rote Rübe
Salz

1. Die Grütze mit kochendem Wasser überbrühen und mit kaltem Wasser abschrecken. Mit Brühe 1 Stunde kochen. Wenn die Grütze sämig ist, durch ein Sieb treiben.

2. Den Grünkohl 2 Minuten in Wasser kochen. Das Wasser abgießen, den Kohl ausdrücken. Den Kohl in die Graupensuppe geben, umrühren und zum Kochen bringen. Evtl. nachsalzen. Vorsicht, brennt leicht an!

3. Butter zugeben. Die Rübe raspeln und ebenfalls dazu geben. Nochmals aufkochen, dann servieren.

Graupensuppe mit Backpflaumen

Zubereitungszeit: 2 Stunden
Zutaten für 4–6 Personen

250 g Graupen
1 1/2 l Brühe
40 g Butter
300 g geräuchertes Bauchfleisch
250 g Backpflaumen ohne Stein
1/2 l warmes Wasser
Salz, Zimt
1 EL Zucker

1. Die Graupen mit der Hälfte der Butter, etwas Salz, und dem Fleisch in der Brühe 1 Stunde kochen. Dabei häufig umrühren.

2. Während dieser Zeit die Backpflaumen in warmem Wasser einweichen. Diese dann mit dem Einweichwasser und Zucker in einem anderen Topf garen. Mit den Graupen vermengen.

3. Das gegarte Fleisch aus der Suppe nehmen, klein schneiden und wieder zugeben.

4. Die restliche Butter bräunen. Gebräunte Butter nach Belieben über die Suppe gießen und mit Zimtzucker bestreuen.

Sachsen-Anhalt
mit Altmark und Saale

Ein Herzstück deutscher Geschichte ist dieses Land zwischen der Havel und dem Brocken, der Elbe und der Ilm und dem Strand der Saale; seine Eigenstaatlichkeit ist allerdings noch jung. Halle, Dessau, Wittenberg, Quedlinburg, Merseburg, Naumburg, Magdeburg, Eisleben und Wernigerode heißen die Städte.

Rübenland und Kornkammer ist das Gebiet der Altmark, die an die Mecklenburger Börde grenzt. Zwischen Zerbst und Tangermünde, Prenzlau und Salzwedel habe ich viele schon vergessen geglaubte Rezepte gefunden – darunter die „Altmärkische Hochzeitssuppe".

„Hinter Salze und Schönebeck kochen die Leute Klump mit Speck" – sagt ein altes Sprichwort aus dieser Gegend. Der „Klump" ist ein Hefekloß, der heiß oder kalt, zu fast jeder Mahlzeit gegessen wurde. Sonntags zum Braten, im Winter zum Braunkohl. Hier galt alles, was nicht wie ein fester Brei zubereitet wurde, als Getränk.

Einst war es hier Brauch, vor der Hochzeit dem Pfarrer die so genannte „Brautsuppe" ins Haus zu schicken. Sie bestand allerdings aus einem üppigen Menü. Die Anzahl der Gänge – mindestens fünf – richtete sich nach dem Vermögen der Brautleute.

Als ich in der Altmark die schmackhaften bäuerlich-einfachen Gerichte probierte, wurde mir wieder einmal deutlich, wie stolz wir auf unsere deutsche Regionalküche sein können. Schon Goethe hat der Heimatküche einen hohen Rang zuerkannt. Er schrieb: „Meine Küche in Weimar galt als die beste weit und breit. Wohl denn, das Essen ist eine heimatliche Kultur ähnlich der Dichtung – wenn auch einträglicher."

Was ich bei meinen kulinarischen Recherchen zwischen Saale und Unstrut entdeckte, ist es wert, auch in unseren Küchen nachgekocht zu werden.

„An der Saale hellem Strande" heißt es in einem alten Volkslied, und tatsächlich, es gibt sie noch, die „Burgen stolz und kühn".

Aus den Salinen der Halle wird kein Salz mehr gewonnen, die letzte Sole wurde 1964 verdampft, so wie man es seit dem 15. Jahrhundert kannte. Aber man ist immer noch stolz auf die Erfindung der Soleier. Die Mitglieder der Salzsiedezunft hängten die Eier einfach im Netz in siedende Salzsole – fertig waren sie.

Altmärkische Hochzeitssuppe

Zubereitungszeit: ca. 2 Stunden
Zutaten für 8 Personen

1 Suppenhuhn, ca. 2 kg
1 Bund Suppengrün, gewürfelt
4 Eier, etwas Milch
250 g gemischtes Hack
100 g Sternchen- oder Buchstabennudeln
1 kg Spargel, geschält
3 TL Gemüsebrühe
1 gehäufter TL Salz für die Brühe
Pfeffer
1 Bund glatte Petersilie, gehackt
1/2 TL Muskatblüte

1. Das Huhn in 2 l Wasser mit Salz und Suppengrün aufsetzen und gar kochen. Huhn herausnehmen (wird weiter verwendet für ein anderes Gericht). Brühe stehen lassen und entfetten.

2. Eier mit Milch und einer Prise Salz verquirlen und im kochenden Wasserbad 20 Minuten erhitzen, bis die Masse fest ist. Danach stürzen und in Würfel schneiden.

3. Hackfleisch mit Salz und Pfeffer würzen. Kleine Klößchen in Kirschgröße formen und in Salzwasser 15 Minuten köcheln.

4. Nudeln in Salzwasser garen und abschrecken. Spargel in Stücke schneiden und in Salzwasser mit 1 TL Zucker gar ziehen lassen.

5. Nun in den Topf mit der Brühe die Fleischklößchen, Nudeln, Spargelstücke und den Eierstich geben. Zusammen ganz kurz aufkochen lassen. Beim Servieren in den Tellern die Suppe mit gehackter Petersilie bestreuen.

Wenn weniger als 8 Personen am Tisch sitzen, wird ein Teil der Suppe in einer Porzellanschüssel in den Kühlschrank gestellt. Sie hält sich bis zu 3 Tage. Beim Erwärmen nicht mehr kochen lassen.

Köthener Schusterpfanne

Zubereitungszeit: 2 Stunden
Zutaten für 4 Personen

20 g Schmalz
750 g Schweinenackenfleisch
Salz, Pfeffer
$^1\!/_2$ l Brühe
1 TL Kümmel
750 g Kartoffeln, geschält,
in dicke Scheiben geschnitten
500 g kleine ganze Kochbirnen,
Stiele und Blüten entfernen
$^1\!/_2$ TL Zucker

1. Das Fleisch würzen, in einer großen Pfanne in Fett rundum schön braun anbraten.

2. Etwas Brühe angießen. Den Deckel auflegen und 1 Stunde schmoren lassen. Wenn erforderlich, Brühe nachgießen.

3. Danach den Kümmel darüber streuen. Die Kartoffelscheiben und Birnen rund um das Fleisch und obenauf legen, anrösten lassen, vorsichtig vermengen und den Rest Brühe angießen. Mit Zucker abschmecken.

4. 20 Minuten schmoren lassen. Das Fleisch herausnehmen, leicht abkühlen lassen und in Scheiben schneiden.

Man serviert das Gericht in der Pfanne; die Fleischscheiben zuoberst.

Grünkohl mit gezuckerten Kartoffeln

Zubereitungszeit: 2 Stunden
Zutaten für 6 Personen

2 kg Grünkohl, abgerippt und grob
gehackt (oder 1 kg tiefgekühlter Grünkohl)
100 g Schmalz
1 große Gemüsezwiebel, fein hacken
500 g Kasseler
300 g geräucherter Bauchspeck
500 g Brägen- oder Kochwurst
3/4 l Fleischbrühe oder Wasser
5 EL Gerstengrütze
1 EL Zucker
800 g kleine runde Kartoffeln, gekocht,
gepellt, abgekühlt
50 g Schmalz
1 EL Puderzucker
Salz
schwarzer Pfeffer aus der Mühle
1 Prise Muskatnuss

1. Schmalz in großem Topf erhitzen, Zwiebelwürfel unter Rühren bei Mittelhitze 3 Minuten anschwitzen. Kohl dazugeben und unter Rühren weitere 3 Minuten anschwitzen.

2. Gerstengrütze, Speck, Kasseler, 2 TL Salz und 3/4 l Brühe (oder Wasser) dazugeben und 1 Stunde mit Deckel bei kleiner Hitze unter gelegentlichem Rühren dünsten.

3. Kochwurst mit dazugeben und noch 30 Minuten ohne Deckel bei kleiner Hitze köcheln. Ab und zu rühren. In den letzten 15 Minuten nebenbei 50 g Schmalz in einer Pfanne erhitzen, Kartoffeln bei großer Hitze 10 Minuten im Schmalz schwenken. Mit Salz und Puderzucker bestreuen und noch 1 Minute schwenken.

4. Kohl mit Salz, Pfeffer, Zucker und Muskatnuss abschmecken.

Zibbel-Klump

Vorbereitungszeit: 1 Stunde 30 Minuten
Zutaten für 4 Personen

125 g durchwachsener Räucherspeck,
fein gewürfelt
2 Lammhaxen, gewürzt mit Salz, Pfeffer,
Paprika
750 g kleine Zwiebeln
1/2 l Fleischbrühe
1 Tasse Rotwein
1 Lorbeerblatt
1 Zweig Thymian
1 TL Kümmel
1 TL Zucker
Salz
schwarzer Pfeffer aus der Mühle

1. Speckwürfel in einem mittelgroßen Topf bei kleiner Hitze unter Rühren 3 Minuten auslassen. Die Haxen darin anbraten.

2. Brühe und Lorbeerblatt dazugeben, mit Deckel bei kleiner Hitze 50 Minuten köcheln. Mit Zucker, Pfeffer, Salz abschmecken.

3. Zwiebeln dazugeben und unter Rühren 10 Minuten Farbe annehmen lassen. Mit Wein ablöschen.

4. Das Fleisch von den Knochen lösen, in die Suppe geben und erhitzen.

☞ Kleine Kartoffelklöße darin oder dazu essen.

Bröckelhans

Auch „Rauchemaden" genannt

Zubereitungszeit: 20 Minuten
Zutaten für 4 Personen

1 kg Kartoffeln, geschält und gekocht
Salz, Pfeffer, Muskat
1 EL Mehl
40 g Butter oder Schmalz
Butterflöckchen, Zucker

1. Die Kartoffeln durch eine Presse drücken. Mit einer Gabel Salz, Pfeffer, 1 Prise Muskat und das Mehl locker unterheben.
Wichtig: keinen festen Teig daraus kneten.

2. Das Fett in einer Pfanne erhitzen. Die lockere Masse einfüllen und öfter wenden, damit sich braune Krüstchen bilden.

3. Auf einen großen Teller gleiten lassen, mit Butterflöckchen belegen und leicht mit Zucker bestreuen.

Ofenschlupfer

Zubereitungszeit: 1 Stunde
Zutaten für 4 Personen

4 altbackene weiße Brötchen (Semmeln)
1/2 l Milch
2 Eier
einige Spritzer Rumaroma
Zucker
4 Äpfel, geschält, entkernt
und in Scheiben geschnitten
50 g Sultaninen
50 g gemahlene Mandeln
Butter zum Ausfetten der Form
und für die Butterflöckchen

1. Die Brötchen quer in fingerdicke Scheiben schneiden. Milch mit den Eiern, dem Aroma und Zucker verquirlen. Die Brotscheiben darin wenden, bis sie sich voll gesogen haben.

2. Abwechselnd mit den Apfelscheiben und Rosinen in eine gefettete Auflaufform schichten.

3. Nach jeder Lage Mandeln darüber streuen und mit Eiermilch begießen. Butterflöckchen und Zucker obenauf streuen.

4. Im vorgeheizten Ofen bei 225°C 30 Minuten backen.

☞ Man isst die Ofenschlupfer mit Fruchtsauce übergossen als vollständiges Gericht.

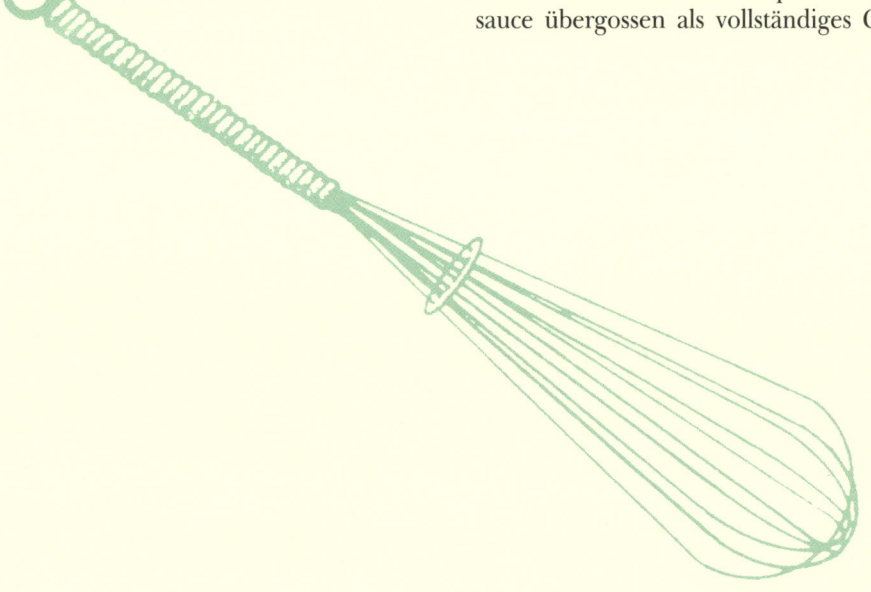

Sachsen mit Lausitz, Spreewald und Vogtland

August der Starke ist bis heute für den Sachsen das Vorbild eines Genießers geblieben. Er war ein Feinschmecker und liebte den Luxus. Seine Devise lautete: „Erst wenn der Magen holde Lust genossen, wird uns der Reiz des Geistigen erschlossen."

In der sächsischen Regionalküche gilt sein kulinarischer Anspruch noch heute und ihm ist es wohl in erster Linie zu danken, dass sich aus bodenständigen Rezepten eine verfeinerte gutbürgerliche Küche entwickelt hat.

Denn nicht nur der schönen Landschaft wegen lohnt es sich, dem Tourismus an der Elbe auch in östlicher Richtung auszuweichen. Ich habe in Küchen und Gaststätten in der Ober- und Niederlausitz alte deutsche Rezepte entdeckt und zu Hause ausprobiert. Sie sind das Nachkochen wert. Die Küche von Erzgebirge und Vogtland ist der thüringischen ähnlich.

Sehnsucht nach ganz alten Zeiten wird bei mir nicht nur aus kulinarischen Gründen wach bei der Lektüre der Plauner Marktchronik aus dem 16. Jahrhundert:

„Peinlich achteten die Schauherren darauf, dass das Fleisch der gleichen Art sorgfältig nach Alter und Marktwert getrennt gelegt würde, das Kuhfleisch nicht unter das Ochsenfleisch, Schafffleisch nicht unter das Schöpsenfleisch gemengt und zum gleichen Preis verkauft würde."

Mit schlecht bezahlter Heimarbeit mussten in den Großfamilien des Erzgebirges oft ein Dutzend Mäuler satt werden. Ein typisches Gericht aus der damaligen Zeit sind Erzgebirgische Käsegötzen.

Die Käsegötzen sind mit grünem Salat eine leichte Hauptmahlzeit. Bestreut man sie dagegen reichlich mit Zucker und Zimt, sind sie zusammen mit Obstkompott aller Art eine köstliche Nachspeise.

Erzgebirgische Käsegötzen

Zubereitungszeit: 45 Minuten
Zutaten für 4–6 Personen

65 g Butter
250 g Weißbrot, in ganz dünne Scheiben geschnitten
1 kg Magerquark, über Nacht im Sieb abgetropft
1 TL Salz
100 g geriebener Emmentaler Käse
3 EL Mehl
3 EL Semmelmehl
1 Prise Muskatnuss
5 Eier
$^1/_2$ l Milch

1. Backofen auf 160 °C vorheizen. Eine Auflaufform mit mittelhohem Rand mit Butter ausfetten und mit einer Schicht Weißbrotscheiben auslegen.

2. Den getrockneten Quark mit Salz und dem geriebenen Käse vermischen, das Mehl, das Semmelmehl und die Muskatprise einarbeiten und alles auf den Brotscheiben verteilen. Mit den restlichen Brotscheiben abdecken.

3. Die restliche Butter schmelzen und die obere Lage Brot damit einpinseln. Die Eier mit der Milch verquirlen und gleichmäßig über den Auflauf gießen.

4. Auf der mittleren Schiene im Backofen ca. 30 Minuten ausbacken. Danach in Portionsstücke schneiden.

Weißkohlsuppe

Zubereitungszeit: 50 Minuten
Zutaten für 6 Personen

1 Weißkohlkopf (ca. 1 $^1/_2$ kg)
1 $^1/_2$–2 l Fleischbrühe
6 Bratwürste
Butter zum Braten
Salz
Pfeffer

1. Den Weißkohlkopf putzen, in 4 Teile schneiden, den Strunk entfernen, in einzelne Blätter zerlegen. Die Blätter mit kochendem Wasser übergießen, abtropfen lassen. Dann grob hacken.

2. Nun die Fleischbrühe zugießen, den Kohl darin in 25 Minuten gar kochen.

3. Inzwischen die Bratwürste in etwas Butter knusprig braten. Anschließend in Scheiben schneiden und zum Kohl geben. Die Suppe mit Salz und Pfeffer abschmecken und servieren.

Herrensuppe

Zubereitungszeit: 2 Stunden 40 Minuten
Zutaten für 4 Personen

1 kg Querrippe
1 Bund Suppengrün
1 EL gekörnte Brühe
1 l Wasser
1 Lorbeerblatt
Salz
125 g Geflügelmägen
125 g Geflügelleber
4 Eier
2 Hand voll Kerbel

1. Querrippe mit dem geputzten Suppengrün, der gekörnten Brühe und dem Lorbeerblatt in kaltem, leicht gesalzenem Wasser aufsetzen, zum Kochen bringen und 1 Stunde im offenen Topf kochen lassen, dann die geputzten Mägen zugeben und 1 Stunde weiterkochen lassen.

2. Dann die gewaschene Geflügelleber zugeben und etwa 5 Minuten darin fest werden lassen.

3. Alles durch ein Sieb in einen anderen Topf gießen. Mägen, Rippenfleisch und Leber herausnehmen und klein schneiden. Die Brühe kalt werden lassen.

4. Die verquirlten Eier in die kalte Brühe rühren. Die Brühe auf milder Hitze oder im Wasserbad unter Rühren aufkochen lassen.

5. Die Fleischstückchen zugeben und wieder heiß werden lassen. Die Suppe in eine vorgewärmte Terrine umfüllen, reichlich gehackten Kerbel hineingeben, kurz durchrühren und servieren.

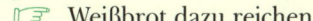 Weißbrot dazu reichen.

Kälberzähne

Zubereitungszeit: 2 Stunden
Zutaten für 6 Personen

250 g Perlgraupen, mehrfach gewaschen
und abgetropft
2 l Wasser
800 g Schweinerippchen
1 große Zwiebel, gewürfelt
2 Möhren geschält,
in 1 cm große Würfel geschnitten
500 g Kartoffeln, geschält und gewürfelt
2 Stangen Lauch, das Weiße in 1 cm
große Ringe geschnitten
2 EL gekörnte Brühe
1 Prise Zucker
schwarzer Pfeffer aus der Mühle
Salz
4 EL glatte Petersilie, gehackt

1. Graupen mit Wasser in einem großen Topf zum Kochen bringen. Fleisch und Zwiebel zufügen, bei kleiner Hitze 1 Stunde mit Deckel kochen. Ab und zu rühren.

2. Rippchen herausnehmen, Fleisch ablösen, würfeln und beiseite stellen. Knochen wegwerfen.

3. Möhren und Kartoffeln dazugeben, 30 Minuten mit Deckel bei kleiner Hitze weiterkochen.

4. Gewürfeltes Fleisch und Lauch dazugeben, 15 Minuten bei kleiner Hitze mit Deckel köcheln. Ab und zu rühren.

5. Mit gekörnter Brühe, Zucker, Pfeffer und Salz abschmecken. Mit Petersilie bestreut servieren.

Der Graupeneintopf lässt sich – ohne Petersilie – für 6 Wochen einfrieren.

Ochsenzähne

Zubereitungszeit: 2 Stunden 30 Minuten
Zutaten für 4 Personen

500 g weiße Bohnen,
1 Nacht in 1 l Wasser vorgeweicht
1 Bund Suppengrün, gestiftelt
500 g Schweinenacken, gewürfelt
3 dicke Möhren, in dicke,
halbfingerlange Stifte geschnitten
Pfeffer und Salz
3 EL Rübensirup

1. Die Bohnen mit dem Einweichwasser und Gemüse 1 Stunde kochen lassen. Salzen.

2. Dann in eine Auflaufform abwechselnd Bohnen, gewürztes Fleisch und Möhren schichten. Sirup darüber träufeln.

3. Im Backofen bei 200 °C 1 Stunde backen bis die obere Schicht hellbraun ist.

Zwiebelfleisch

Zubereitungszeit: 1 Stunde 30 Minuten
Zutaten für 4 Personen

500 g Schweineknochen
2 EL gekörnte Brühe
1 1/2 kg Zwiebeln, halbiert,
in Scheiben geschnitten
3 EL Butter
2 TL Salz
Pfeffer
2 TL Zucker
1 1/2 TL Kümmelpulver
500–750 g aus dem Rinderschmorbraten-
Stück, in dünne Scheiben geschnitten
3–4 altbackene Brötchen oder Weißbrot,
in Scheiben geschnitten
1/2 Tasse Weißwein

1. Die Schweineknochen in 1/2 Liter Wasser mit gekörnter Brühe 1 Stunde kochen.

2. Die Zwiebeln in Butter goldgelb anbraten. Wasser dazugießen, sodass die Zwiebeln knapp bedeckt sind, und dünsten. Mit Salz, Pfeffer, Zucker und Kümmel kräftig abschmecken.

3. Die Rindfleischscheiben auf die gedünsteten Zwiebeln legen und im geschlossenen Topf etwa 1 Stunde garen. Dann herausnehmen und warm stellen.

4. Die Brötchenscheiben mit der Knochenbrühe zu den Zwiebeln geben und unter Rühren kurz durchkochen lassen. Die Fleischscheiben mit dem Zwiebelmus anrichten.

Hammeltopf

Zubereitungszeit: 2 Stunden
Zutaten für 6–8 Personen

750 g Hammelfleisch
2 l Salzwasser
2 Zwiebeln, grob zerkleinert
2 Möhren, gewürfelt
1 EL Kümmel
Salz
1 Kopf Weißkohl (etwa 1 1/2 kg), in große
Stücke geteilt, ohne Strunk
300 g Kartoffeln, geschält und gewürfelt
Pfeffer

1. Fleisch und Zwiebeln sowie Möhren mit dem Wasser zum Kochen bringen. Den Kümmel hineingeben. Gut 1 Stunde kochen lassen.

2. Nach 40 Minuten den Weißkohl in den Topf geben.

3. Nach weiteren 30 Minuten die Kartoffeln hineingeben. Mit Salz und Pfeffer nachwürzen.

4. Das Fleisch herausnehmen, in Würfel schneiden und im Eintopf nochmals erhitzen.

71

Gurkensuppe mit Pökelrippchen

Zubereitungszeit: 1 Stunde 30 Minuten
Zutaten für 4–6 Personen

750 g gepökelte Schweinerippchen
4 Zwiebeln
2 Lorbeerblätter
Pfefferkörner
75 g Butter
1 TL Zucker
2 Salzgurken
Pfeffer
1/2 TL Salz
2–3 EL Mehl
1/2 l Milch
2 TL gekörnte Brühe
glatte Petersilie
100 g Weißbrot mit Rinde, gewürfelt

1. Die Pökelrippchen gut waschen, mit 1 zerschnittenen Zwiebel, den Lorbeerblättern und einigen Pfefferkörnern in reichlich Wasser nicht zu weich kochen und warm stellen.

2. Die restlichen, in feine Scheiben geschnittenen Zwiebeln in 1 Esslöffel Butter goldgelb anschwitzen und mit Zucker überstreuen, den man leicht bräunen lässt.

3. Gurken schälen, Kerne entfernen, in Würfel schneiden, zu den Zwiebeln geben, mit Pfeffer, Salz und Mehl überstäuben und alles kurz durchschwitzen lassen.

4. Die Brühe der Rippchen durchseihen und über die Gurken-Zwiebel-Masse füllen. Zum Kochen bringen.

5. Nach dem Aufkochen die heiße Milch dazugeben, mit gekörnter Brühe abschmecken, mit gehackter Petersilie garnieren und mit gerösteten Brotwürfeln anrichten.

☞ Die warmen Rippchen können gesondert dazu gereicht werden. Oder man löst das Fleisch von den Knochen und schneidet es klein. Es wird als Einlage in die Suppe gegeben.

Süß-saure Linsen

Zubereitungszeit: 2 Stunden
Zutaten für 6 Personen

250 g Linsen, über Nacht in 1 l Wasser
vorgeweicht
500 g geräucherter Bauchspeck
1/2 l Brühe
250 g Backpflaumen,
2 Stunden vorgeweicht
80 g Pfefferkuchen, gerieben
Essig, Salz, Pfeffer

1. Linsen und Bauchspeck in dem Einweichwasser und der Brühe 1 Stunde vorkochen.

2. Die Pflaumen mit dem Einweichwasser dazugeben. Salzen und pfeffern. 1/2 Stunde kochen lassen.

3. Mit den Kuchenbröseln binden und mit Essig abschmecken.

4. Das Fleisch entweder getrennt zur Suppe reichen oder gewürfelt in die Suppe geben.

Wendische Dobsche

Zubereitungszeit: 2 Stunden
Zutaten für 4 Personen

500 g Zwiebeln, grob gehackt
etwas Schmalz
750 g Schweinenacken, grob gewürfelt
Salz
500 g Kartoffeln, geschält,
in Scheiben geschnitten
1 Bund Petersilie, gehackt
250 g Sahnequark
etwas Salz und Kümmel
1 Tasse Milch
1 TL Kartoffelmehl

1. Einen Topf einfetten. Zwiebeln und Fleisch einschichten und salzen. Darauf die Kartoffeln füllen und die Petersilie darüber streuen.

2. Etwas Wasser angießen (ca. 1 Tasse), den Topf bzw. die Form schließen und bei schwacher Hitze 1 1/2 Stunden schmoren lassen.

3. Inzwischen den Quark mit Salz, Kümmel, Milch und Kartoffelmehl anrühren.

4. Auf das Gericht streichen. Bei 225 °C im Ofen bei offenem Topf 10–15 Minuten bräunen. In der Form servieren.

Thüringen

Erstaunliche Entdeckungen habe ich in der Küche Thüringens gemacht: Manches Rezept, das heute die Gastronomie als Neuheit der „Nouvelle Cuisine" serviert, wird schon seit Jahrhunderten in den thüringischen Familien gekocht und geliebt.

„Der Aufwand, den fast alle deutschen Stämme beim Essen und Trinken treiben, dient ihnen in erster Linie dazu, ihre Sorgen zu vergessen. Nur die Thüringer sind von anderer Art: Sie essen um des Genießens willen und denken nicht an den kommenden Tag." Diese Feststellung stammt aus Heinrich Heines „Reisebildern" und daran hat sich in den letzten 130 Jahren nicht viel geändert. Der Weimarer Zwiebelmarkt, auf dem Goethe einkaufte, wird immer noch am alten Ort abgehalten, und wie eh und je gibt es für die „einzig echten Thüringer Kartoffelklöße" etwa 30 verschiedene Zubereitungsvorschriften. Allein schon mit den Namen dieser Klöße hat der Fremde Schwierigkeiten: In Schmalkalden heißen sie „Hebes", in Suhl „Knolle" und in Meiningen „Hütes".

Mir sind diese Klöße nie so richtig gelungen. Die einzige – unbefriedigende – Erklärung dafür gab mir eine Köchin in Gera: „Das liegt daran, dass Sie die falschen Kartoffeln haben und" – nach einer kleinen Pause – „dass Sie kein Thüringer sind."

Erstaunt hat mich auch der Einfallsreichtum im weiteren Umgang mit Kartoffeln. Nirgendwo sonst habe ich z. B. eine Kartoffelsuppe mit Fisch gegessen. Sie gibt es nur in Thüringen.

Die Gegend um Rudolstadt, Saalfeld, Pössneck, Jena und Weimar gilt als Thüringens Bratwurstwinkel. Dort kennt man auch noch das Wurstsingen. Am Schlachttag treten verkleidete Burschen und Mädchen mit Körben ins Zimmer und singen: „Wir haben gehört, ihr habt geschlacht', habt große und kleine Würst' gemacht! Die kleinen lasset hangen, gebt uns eine von den langen."

Biddersilchsbrühe

Man kann das Gericht sowohl mit jungen Tauben als auch mit Rindfleisch zubereiten.
Heute kocht man es – in Ermangelung von Tauben – fast ausschließlich mit Rindfleisch.

Zubereitungszeit:
ca. 2 Stunden 30 Minuten
Zutaten für 4 Personen

500 g Hochrippe vom Rind
1 Bund Suppengemüse, zerkleinert
1 l Wasser
Salz
2 Eier
1 EL Mehl
Salz, Pfeffer, 1 Prise Muskat
Brotbröckchen, in Butter geröstet
40 g Butter
1 Bund Petersilie, fein gehackt

1. Das Fleisch in kaltem Salzwasser aufsetzen, zum Kochen bringen und 1 Stunde kochen lassen. Einige Male abschäumen.

2. Das Wurzelwerk dazugeben und nochmals 30–60 Minuten kochen lassen.

3. Das Fleisch herausnehmen, vom Knochen lösen und in Würfel schneiden. Die Brühe durchsieben und würzen. Das Fleisch wieder hineingeben und aufkochen.

4. Eier mit dem Mehl verquirlen und in die leicht kochende Suppe laufen lassen.

5. Geröstete Brotwürfel auf die Teller verteilen.

6. Mit Suppe und Fleischbrocken übergießen und mit Petersilie dick bestreuen.

Heringskartoffeln

Zubereitungszeit: 50 Minuten
Zutaten für 4 Personen

750 g gekochte, kalte, gepellte Kartoffeln
4–6 Salzheringe, 2 Stunden gewässert
50 g Butter, Semmelmehl
2 Zwiebeln, in Scheiben geschnitten
2 Eier
1 Becher saure Sahne
Salz
Pfeffer

1. Die Kartoffeln in Scheiben schneiden.

2. Die Heringe ausnehmen, entgräten und in Stücke schneiden.

3. Eine Auflaufform buttern und mit Semmelbröseln ausstreuen.

4. Die Zwiebeln in der restlichen Butter anbraten.

5. Kartoffeln, Heringe und Zwiebeln abwechselnd in die Form schichten.

6. Eier mit Sahne verquirlen, mit Salz und Pfeffer würzen und den Auflauf damit übergießen.

7. Mit Semmelmehl bestreuen, einige Butterflöckchen aufsetzen und im vorgeheizten Ofen bei 225 °C etwa 35 Minuten überbacken.

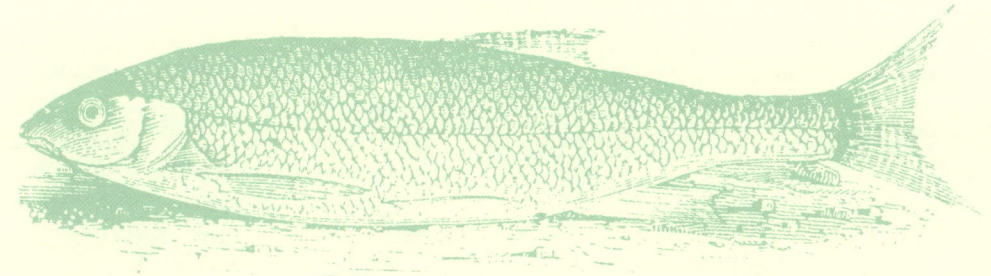

Schusterpastete

Dieses Gericht ähnelt stark dem vorherigen Rezept. Es gilt als preiswerte Resteverwertung, denn nicht selten waren 7 oder 8 Mägen zu füllen.

Zubereitungszeit: 45 Minuten
Zutaten für 4–6 Personen

500 g Pellkartoffeln,
gepellt und in Scheiben geschnitten
1 große Zwiebel, gehackt
100 g roher Schinken, gewürfelt
(können Reste sein)
75 g Butter
300 g Bratenreste, in Scheiben
oder Würfeln
3 Bismarckheringe, in Stücke geschnitten
1/4 l saure Sahne
2 Eier
1 EL Mehl
Salz, Pfeffer

1. Die Kartoffeln mit dem Schinken und der Zwiebel in Butter anrösten.

2. Eine große Auflaufform ausbuttern.

3. Die Form abwechselnd mit Kartoffeln, Fleisch und Heringsstücken füllen. Die oberste Schicht sollten Kartoffeln sein.

4. Sahne mit Eiern und Mehl verquirlen, würzen.

5. Über den Auflauf gießen. Butterflöckchen darauf verteilen und im vorgeheizten Ofen bei 200 °C etwa 30 Minuten backen. In der Form auftragen.

☞ Dazu serviert man grünen Salat.

Sauerkrautsuppe

Zubereitungszeit: 45 Minuten
Zutaten für 4 Personen

250 g Sauerkraut
1 l Brühe
40 g Butter
40 g Mehl
1 TL Kümmel, grob gemahlen
Salz, Pfeffer, Zucker
zerdrückte Wacholderbeeren
1 Becher saure Sahne

1. Das Sauerkraut waschen, ausdrücken und klein schneiden. In der Brühe 30 Minuten kochen.

2. In einem anderen Topf Butter und Mehl anschwitzen und unter Rühren die Suppe angießen.

3. Die Suppe würzen, evtl. Zucker zugeben um den Krautgeschmack zu mildern. Zum Schluss die saure Sahne einrühren.

☞ Man reicht dazu in Butter geröstete Weißbrotwürfel.

Saure Linsen mit Thüringer Rotwurst

Zubereitungszeit: 1 Stunden 30 Minuten
Zutaten für 4 Personen

250 g Linsen, über Nacht eingeweicht
1 Bund Suppengrün, gewürfelt
1 Zwiebel, gewürfelt
75 g durchwachsener, geräucherter Speck,
gewürfelt
Salz, Pfeffer, 1 Prise Zucker
1–2 EL Essig
6 kleine, gekochte Kartoffeln
500 g Thüringer Rotwurst
1 Bund Petersilie, gehackt

1. Die Linsen mit dem Einweichwasser (reichlich), Salz und dem Suppengrün bei mäßiger Hitze in 45–60 Minuten weich kochen.

2. Die Speckwürfel und die Zwiebel in einer Pfanne anbraten. Unter die Linsen mischen. Mit Salz, Pfeffer, Zucker und Essig sauer abschmecken.

3. Die Kartoffeln würfeln und in das Gericht mengen.

4. Die Wurst in dicke Scheiben schneiden, in einer Pfanne bei geschlossenem Deckel kurz von beiden Seiten braten.

5. Die Suppe auf tiefe Teller verteilen. Die Wurstscheiben obenauf legen und mit Petersilie bestreuen.

Süß-saure Schnietle

Zubereitungszeit: 2 Stunden
Zutaten für 4 Personen

750 g Suppenfleisch (Rind) ohne Knochen
1 Lorbeerblatt
einige zerdrückte Wacholderbeeren
1 1/2 l Wasser
1 Bund Suppengrün, klein geschnitten
1 kg Kartoffeln, geschält und gewürfelt
Salz, Pfeffer
1 TL Zucker
1–2 EL Essig
1 Bund Petersilie, gehackt

1. Das Fleisch mit den Gewürzen und dem Wasser zum Kochen aufsetzen. Bei kleiner Hitze 1 1/2 Stunden garen. Das Fleisch herausnehmen und die Brühe durchsieben.

2. Fleisch würfeln und warm stellen. Gemüse und Kartoffeln 20 Minuten in der Brühe garen.

3. Süß-sauer abschmecken. Das Fleisch wieder in die Suppe legen. Erneut erhitzen.

4. Dick mit Petersilie servieren.

Hessen

Überraschend vielfältig ist die Landschaft in Hessen: vom Rhein-Main-Gebiet um Frankfurt bis zum Odenwald mit der Bergstraße, vom Taunus und Westerwald bis zur Rhön, dazwischen die fruchtbaren Senken der Schwalm und der Wetterau.

Auch ohne viel „Äppelwoi" sind die Hessen mit einer kräftigen Portion Humor ausgestattet. Ein Beispiel dafür ist dieses Hessische Vermächtnis: „Mer kann auch aus Trauwe Wie mache", sagt der sterbende Winzer zu seinen Söhnen.

Während in Frankfurt Kaiser und Könige üppige Bankette hielten, ernährte man sich auf den kargen Hochebenen von Kartoffeln, Beeren und manchmal einem Stück Niederwild. In Südhessen dagegen gab und gibt's reichlich Obst, Gemüse und Wein.

Bei meinen kulinarischen Erkundungen in Hessen stieß ich auf eine „Vorgängerin": Dortchen. Sie war die Frau von Wilhelm Grimm, dem jüngeren der berühmten Brüder. Sie sammelte die Kochrezepte ihrer hessischen Heimat, die in ihrem „Mirakelbuch von 1812" enthalten sind.

Hausenblase, Hirschhorn und Spelzmehl kommen freilich in meinen heutigen Rezepten nicht mehr vor und auch „Man nehme nach Gutdünken" ist nicht mehr angesagt.

Die tief verwurzelte Angst der Hessen, man könne nicht satt werden, war es wohl auch, die den Urfrankfurter Dr. Heinrich Hoffmann inspirierte. In seinem weltberühmten Kinderbuch „Struwwelpeter" erfährt man im Kapitel „Der Suppenkasper", wie es einem ergeht, der vier Tage lang ohne Suppe auskommen muss:

> *„Am vierten Tage endlich gar*
> *Der Kaspar wie ein Fädchen war.*
> *Er wog vielleicht ein halbes Lot –*
> *Und war am fünften Tage tot."*

Spanisch Fricco

In manchen Orten habe ich das Gericht unter dem Namen „Förmchen" entdeckt.

Zubereitungszeit: 3 Stunden
Zutaten für 4 Personen

20 g Butter zum Fetten der Form
400 g Rinderfilet,
in 2 cm dicke Scheiben geschnitten
750 g Kartoffeln, geschält,
in Scheiben geschnitten
3 dicke Zwiebeln, in Scheiben geschnitten
Salz, Pfeffer
1/2 l Brühe
1/4 l saure Sahne
1 TL Mehl

1. Eine Puddingform ausfetten. Fleisch, Kartoffeln und Zwiebeln mit den Gewürzen schichtweise einfüllen.

2. Brühe, Sahne und Mehl verquirlen und über das Gericht gießen.

3. Die Form schließen, in ein Wasserbad stellen und 2–2 1/2 Stunden kochen lassen.

4. Nach dem Garen das Gericht in einer Schüssel anrichten.

☞ Dazu: saure Gurken oder Rote Bete.

Lumpen und Fleeh

Das Gericht hat seinen Namen von dem Kohl, der in große Stücke zerrissen wird (Lumpen) und von dem Kümmel, der beim Kochen wie Flöhe (Fleeh) im Topf hüpft.

Zubereitungszeit: 1 Stunde 30 Minuten
Zutaten für 4 Personen

1 Weißkohl von ca. 1 kg, grob zerteilt
(ohne Strunk)
je 500 g Schweine- und Hammelgulasch
40 g Schmalz
1 Zwiebel, grob gewürfelt
reichlich Kümmel, Salz, Pfeffer
1/2 l Brühe
500 g Kartoffeln, gekocht und gewürfelt

1. Die Kohlblätter kurz abkochen. Das Wasser wegschütten.

2. Das Fleisch und die Zwiebel in Schmalz anbraten. Die Gewürze zugeben und mit Brühe ablöschen. 1/2 Stunde kochen lassen.

3. Den Kohl obenauf legen. Nochmals 1/2 Stunde garen.

4. Durchrühren und prüfen, ob das Fleisch gar ist. Sonst die Garzeit verlängern.

5. Zum Schluss die Kartoffeln einmengen. Abschmecken und heiß servieren.

Dippekuchen

Zubereitungszeit: 1 Stunde 30 Minuten
Zutaten für 4 Personen

1 kg Kartoffeln
Salz
2–3 Zwiebeln, gerieben
400 g frischer fetter Speck, gewürfelt

1. Die Kartoffeln reiben. Die Masse in einem Sieb etwa 5 Minuten stehen lassen. Dann gut ausdrücken und salzen.

2. Das sich absetzende Kartoffelmehl mit etwas kochendem Wasser verrühren und wieder unter den Teig mischen. Die geriebenen Zwiebeln untermengen.

3. Den Speck in einem Bräter auslassen, die Hälfte Fett und Grieben herausnehmen und beiseite stellen.

4. Die Kartoffelmasse einfüllen. Den Bräter in den vorgeheizten Ofen stellen, bei 200 °C 35 Minuten backen, bis sich oben eine Kruste bildet.

5. Den Kuchen herausnehmen und stürzen.

6. Das restliche Fett und die Grieben in den Bräter geben. Den Kuchen umgekehrt zurück in den Bräter gleiten lassen. Nochmals 35 Minuten backen.

7. Dann auf eine vorgewärmte Platte stürzen und servieren.

Fraß

Zubereitungszeit: 2 Stunden
Zutaten für 4 Personen

ca. 1 kg Weißkohl,
grob geschnitten, ohne Strunk
2 l Salzwasser
2 Brötchen
1/4 l Milch
250 g Hackfleisch
2 große Zwiebeln, gewürfelt
etwas Speck, gewürfelt
2 EL Paniermehl
Butterflöckchen

1. Den Kohl mit kochendem Salzwasser kurz überbrühen. Abgießen, das Wasser auffangen.

2. Die Brötchen in Scheiben schneiden und in der Milch einweichen.

3. Hackfleisch, Zwiebeln und Speck mit den ausgedrückten Brötchen verkneten. Wenn nötig, etwas Krautwasser dazu geben.

4. Eine Auflaufform buttern. Lagenweise Kohl und Hackfleisch einfüllen.

5. Mit Paniermehl und Butterflöckchen bestreuen. Bei 250 °C etwa 1–1 1/2 Stunden im vorgeheizten Ofen backen.

Hessische Linsensuppe

Hinter dieser harmlosen Bezeichnung verbirgt sich ein Gericht von besonderer Deftigkeit.

Zubereitungszeit: 1 Stunde 10 Minuten
Zutaten für 6 Personen

250 g Linsen, über Nacht oder mindestens
6 Stunden eingeweicht, dann abgegossen
1 l Rinder-Bouillon oder gekörnte Brühe
100 g Sellerieknolle, fein gewürfelt
3 Möhren, in dünne Scheiben geschnitten
1 EL Butter
200 g durchwachsener Räucherspeck,
fein gewürfelt
3 geräucherte Würstchen,
in dünne Scheiben geschnitten
1 EL Zucker
Salz, weißer Pfeffer aus der Mühle
4 EL Weinessig
2 mittelgroße Lauchstangen,
in dünne Ringe geschnitten

1. Linsen und Brühe in großem Topf zum Kochen bringen und bedeckt 20 Minuten bei mittlerer Hitze kochen. Abschäumen.

2. Sellerie und Möhren dazugeben und bei kleiner Hitze unter gelegentlichen Rühren noch knapp 40 Minuten mit Deckel kochen. Falls notwendig, abschäumen.

3. Butter in der Pfanne zerlassen, Speckwürfel und Wurstscheiben unter Rühren glasig dünsten. Pfanneninhalt zu den Linsen geben.

4. Den Linsentopf mit Zucker, Salz, Pfeffer und Essig süß-sauer abschmecken. Die Lauchringe obenauf legen und noch 2 Minuten bei kleiner Hitze offen stehen lassen.

Frische Erbsensuppe

Im Frankfurter Raum kocht man Erbsensuppe aus frischen Erbsen.
Einlage: Frankfurter Würstchen.

Zubereitungszeit: 45 Minuten
Zutaten für 4 Personen

500 g frische Zuckererbsen
(1 1/2 kg Erbsen in Schoten)
2 EL Butter
1 1/2 l einfache Rinder-Bouillon
1/2 TL Estragon
4 rohe Kartoffeln, geschält,
klein gewürfelt
100 g roher Schinken, gewürfelt
1/8 l Sahne
1 EL glatte Petersilie, gehackt
Zucker
Salz
weißer Pfeffer aus der Mühle

1. Erbsen auspalen, unter Rühren 5 Minuten in 1 EL Butter andünsten und mit der Brühe ablöschen. Estragon dazugeben.

2. Gewürfelte Kartoffeln dazugeben. Alles in 20 Minuten garen.

3. Sahne und Schinken einrühren. Vom Feuer nehmen, 1 EL kalte Butter stückweise mit dem Schneebesen einschlagen. Mit Zucker, Salz und Pfeffer abschmecken. Petersilie darüber streuen.

☞ Statt Erbsen kann man auch die so genannten Kaiserschoten nehmen. Diese dann abfädeln und in Stücke schneiden.

Suure Brieh (Saure Brühe)

Zubereitungszeit: 30 Minuten
Zutaten für 6 Personen

250 g Sauerteigbrot,
in Scheiben geschnitten
1 1/2 l Fleischbrühe
250 g Bratwurstmasse (Mett)
1 TL Kümmel
1 Zwiebel, gewürfelt
80 g Rosinen, gewaschen
1/8 l Sirup

1. Die Brotscheiben in etwas Brühe einweichen.

2. Die Bratwurstmasse zu kleinen Klößen formen, mit der Zwiebel und mit dem Kümmel scharf ausbraten.

3. Die Brühe dazugeben. Ebenso die Brotscheiben und die Rosinen. Einige Minuten gut durchkochen.

4. Mit Sirup süßlich abschmecken.

Graupeneintopf aus Hanau

Zubereitungszeit: 2 Stunden 30 Minuten
Zutaten für 6 Personen

200 g Perlgraupen,
mehrfach gewaschen und abgetropft
2 l Wasser
800 g Schweinerippchen
1 große Zwiebel, gewürfelt
2 Möhren,
in 1 cm große Würfel geschnitten
250 g Kartoffeln, geschält, gewürfelt
2 Stangen Lauch, das Helle in 1 cm
große Ringe geschnitten
2 EL gekörnte Brühe (Instant)
1 Prise Zucker
Salz
schwarzer Pfeffer aus der Mühle
4 EL glatte Petersilie, gehackt

1. Graupen mit dem Wasser in großem Topf zum Kochen bringen. Fleisch und Zwiebel zufügen, bei kleiner Hitze $1\,^1/4$ Stunden mit Deckel kochen. Ab und zu rühren.

2. Rippchen herausnehmen, Fleisch ablösen und gewürfelt beiseite stellen. Knochen wegwerfen.

3. Möhren und Kartoffeln dazugeben, 30 Minuten mit Deckel bei kleiner Hitze weiterkochen.

4. Gewürfeltes Fleisch und Lauch dazugeben, 15 Minuten bei kleiner Hitze mit Deckel köcheln. Ab und zu rühren.

5. Mit gekörnter Brühe, Zucker, Pfeffer und Salz abschmecken. Mit Petersilie bestreut servieren.

Motten und Klöße

Motten nennt man in Hessen die gelben Rüben (Karotten).

Zubereitungszeit: 2 Stunden
Zutaten für 6–8 Personen

1 kg Kartoffeln
750 g Schweinenacken
2 EL Butter
2 Brötchen, altbacken
etwas Milch
1 1/2 kg Karotten (neue gelbe Rüben)
1 Zwiebel, fein gewürfelt
ca. 1/2 l Fleischbrühe
1–2 Eier
Muskat, Salz, Pfeffer, Paprikapulver
1 Bund glatte Petersilie

1. Die Kartoffeln am Vortag in der Schale kochen, pellen und abgedeckt kalt aufbewahren. Am nächsten Tag den Schweinenacken in 1 Esslöffel Butter ringsum scharf anbraten, mit Brühe angießen und 45 Minuten vorgaren. Beiseite stellen.

2. Die Brötchen in Milch einweichen. Die Karotten putzen und in längliche Stückchen schneiden. Die restliche Butter in einem Topf zerlassen, die Zwiebel darin glasig braten, dann die Karotten hineingeben.

3. Obendrauf den angebratenen Schweinenacken legen. Den Topf schließen, den Eintopf auf kleiner Hitze langsam 45 Minuten garen. Dabei verdampfte Flüssigkeit durch heiße Fleischbrühe ersetzen.

4. Inzwischen die Kartoffeln reiben und mit Ei verrühren. Die ausgedrückten, gut zerkleinerten Brötchen zugeben, mit den Kartoffeln mischen. Den Teig mit Muskat, Salz, Pfeffer und Paprika würzen.

5. Aus dem Teig ziemlich große Klöße formen. Das Fleisch aus dem Topf nehmen. Die Petersilie waschen, grob hacken, unter die Karotten mischen.

6. Die Klöße auf die „Motten" (die Karotten) setzen und 20 Minuten garen. Das Fleisch in mundgerechte Stücke schneiden. Vor dem Servieren im Eintopf noch einmal erhitzen. Dann alles in einer großen Schüssel zu Tisch bringen.

Nordrhein-Westfalen

Nach Bevölkerung und Raum ist dieses Bundesland das größte. Aus politischer Sicht ist NRW eine Einheit; aus kulinarischer jedoch herrscht hier reiner Partikularismus. Grundverschieden sind die landsmannschaftlichen Vorlieben beim Essen und Trinken.

Eintöpfe in Westfalen sind meistens „Durchgemüse", das heißt sie bestehen aus Gemüse, Kartoffeln und Speck sowie Räucherwürstchen. Die ganze Vielfalt kann man nicht aufzählen, das würde unseren Rahmen sprengen, einige wenige seien stellvertretend genannt.

Auf die Besonderheiten der westfälischen Küche machte mich ein Zufall aufmerksam. Bei einem Abendessen in einem 2-Sterne-Restaurant wurde die perfekt zubereitete Vorspeise „Wildlachs mit Brennnesselschaum in Blätterteig", serviert. Nach dem ersten Bissen legte der Gastgeber die Gabel hin und sagte: „Kennen Sie Westfälisches Blindhuhn? Ich bin im Lipper Land aufgewachsen, und meine Mutter hat es oft gekocht. Vieles würde ich dafür stehen lassen, wenn ich diesen Eintopf mal wieder bekäme." Nachdem ich mir das Originalrezept besorgt hatte und danach ein Blindhuhn kochte, muss ich sagen: Der Mann hatte Recht. Auch für ihn bedeutete das, was Mutter oder Großmutter kochten, mehr als eine sentimentale Erinnerung.

Was für England die Windhundrennen, sind fürs Ruhrgebiet die Brieftauben-Wettbewerbe. Wenn eines von den Tierchen zu postalischen Zwecken nicht mehr taugt, soll es angeblich immer noch gut für Taubensuppe oder Ragout sein. Suppen überhaupt sind im Ruhrgebiet sehr beliebt.

Die Zeche lockte einst viele, die aus „'ner anderen Ecke" waren: aus Westfalen oder dem Rheinland, aus Ost- oder Westpreußen, aus Pommern oder Schlesien, aus Österreich oder Polen, aus Hessen, Bayern oder Holland. Und sie alle brachten ihre Essgewohnheiten als Teil ihres landsmannschaftlichen Kulturgutes mit. Das alles ergab eine einzigartige Mischung.

„Himmel und Äd" heißt im Rheinland das beliebte Gericht aus Äpfeln und Kartoffeln. Himmel und Erde scheinen im Rheinland näher beisammenzuliegen als anderswo. Goethe fand hier Andacht und Frohsinn innig vereint, als er 1824 schrieb: „Es ist ein artiger Zufall, dass in dem Augenblick, da wir von dem tüchtigsten, großartigsten Werk, das vielleicht je auf Erden gegründet worden, dem Dom zu Cöln gesprochen, wir sogleich des leichtesten, flüchtigsten Ereignisses einer frohen Laune, des Karnevals in Cöln, gedenken."

Westfalen
Westfälisches Blindhuhn

*Nach dem Huhn im „Blindhuhn" kann man lange suchen, es ist keines drin!
Trotzdem, das Gericht, dessen Namen heute keiner mehr erklären kann, ist ein Gedicht.*

Zubereitungszeit: ca. 2 Stunden
Zutaten für 6–8 Personen

*200 g weiße Bohnen, über Nacht in
2 l handwarmem Wasser eingeweicht
300 g geräucherter durchwachsener
Speck, im Stück
250 g Möhren,
in feine Scheiben geschnitten
250 g Stangenbohnen,
in löffelgroße Stücke gebrochen
750 g Kartoffeln, geschält und gewürfelt
2 mittelgroße Zwiebeln,
in dünne Scheiben geschnitten
250 g säuerliche Äpfel,
geschält und geviertelt
2 TL gekörnte Brühe
2 TL getrocknetes Bohnenkraut
1 TL Zucker
schwarzer Pfeffer, Salz*

1. Die weißen Bohnen mit dem Einweichwasser 30 Minuten kochen lassen.

2. Den Speck am Stück dazugeben und
60 Minuten bei Mittelhitze zugedeckt sanft
weiterkochen. Speck herausnehmen, beiseite stellen.

3. Möhren und grüne Bohnen, Kartoffeln,
Zwiebeln und Äpfel, Brühe, Bohnenkraut
und Zucker in den Topf geben und bei
kleiner Hitze 30 Minuten zugedeckt ganz
schwach köcheln lassen.

4. Mit Pfeffer und Salz abschmecken. Den
Speck in dünne Scheiben geschnitten in die
heiße Suppe legen.

☞ Kleine geräucherte Schinkenwürstchen,
in den letzten 10 Minuten in den Topf
gelegt, sind eine festliche Erweiterung des
Blindhuhns. Tiefgefroren ist der herrliche
Eintopf bis zu sechs Wochen haltbar.

Pfefferpotthast

Der Name setzt sich zusammen aus:
Pfeffer, für scharf gewürzt, -pott für Topf, -hast für gesottenes Fleisch.

Zubereitungszeit: 2 Stunden 30 Minuten
Zutaten für 6 Personen

1 kg Rindfleisch, gewürfelt
3 EL Butterschmalz
1 kg Zwiebeln, in Scheiben geschnitten
2 Lorbeerblätter,
mit Salz im Mörser zerstoßen
2 Nelken
6–8 Pfefferkörner, zerstoßen
2 Zitronenscheiben
1/2 l Brühe
Salz
schwarzer Pfeffer aus der Mühle

1. Fleisch im schweren Topf in heißem Butterschmalz bei großer Hitze unter Rühren 5 Minuten anbraten.

2. Zwiebelscheiben dazugeben und unter Rühren 5 Minuten bei großer Hitze glasig dünsten.

3. Gewürze, Zitrone und Brühe zufügen und bedeckt bei kleiner Hitze 2 Stunden schmoren. Ab und zu rühren. Zitronenscheiben nach 45 Minuten herausnehmen. Zum Schluss mit Salz und Pfeffer scharf abschmecken.

☞ Dazu isst man Salzkartoffeln oder kleine Brötchen.

Stielmuseintopf

*Dieses Gericht wird besonders im Frühling gekocht, wenn die Mairüben
das erste zarte Grün ansetzen. Man verwendet nur die Stiele, die,
wenn sie nicht ganz gründlich gewaschen werden, schnell den Sand festhalten.
In Westfalen kennt man das Gericht deshalb auch als „Knisterfinken".*

Zubereitungszeit: 2 Stunden
Zutaten für 4–6 Personen

750 g Rindfleisch zum Kochen
1 1/2 l Wasser, Salz
1 Zwiebel
1 kg Stielmus (Mairübengrün)
750 g Kartoffeln, geschält,
gewürfelt und gekocht
Salz, Pfeffer, evtl. 1 Prise Muskat
2 EL Butter
1 EL Mehl
1/8 l Milch

1. Das Fleisch mit kaltem Wasser, Salz und der Zwiebel 1 1/2 Stunde kochen.

2. Inzwischen von dem Stielmus die Blätter und Wurzeln abstreifen. Die Stiele sehr gründlich waschen. In 3–4 cm lange Stifte schneiden.

3. Das Fleisch aus dem Topf nehmen und würfeln.

4. Fleisch, Stielmus und Kartoffeln in die Brühe geben und mit Salz, Pfeffer und Muskat würzen. Aufkochen.

5. Aus Butter, Mehl und Milch eine helle Schwitze zubereiten. Diese in die Suppe rühren und 5 Minuten mitkochen lassen. Den Eintopf grob durchstampfen.

6. Häufig legt man obenauf einen Kranz Bratwurst. Dann darf das Fleisch im Eintopf fehlen. Zum Kochen verwendet man aufgelöste gekörnte Brühe.

Dicke Bohnen mit Speck

Zubereitungszeit: 30 Minuten
Zutaten für 4 Personen

50 g Schmalz
1 kg dicke Bohnen, ausgehülst
2 Zwiebeln, gewürfelt
80 g durchwachsener Speck, gewürfelt
Salz, Pfeffer, 1 Zweig Bohnenkraut
1 kg Kartoffeln, geschält,
gekocht und gewürfelt
1/4 l Brühe
20 g Mehl

1. Schmalz in einem Topf auslassen, Bohnen, Zwiebeln und Speck darin kurz anbraten.

2. Mit Salz, Pfeffer und Bohnenkraut würzen und mit der Brühe loskochen. 10 Minuten kochen lassen.

3. Mehl mit etwas kaltem Wasser glatt rühren und die dicken Bohnen damit binden.

Manche Familien mengen keine Kartoffeln in den Eintopf, sondern servieren diese extra. In Ostwestfalen reichert man das Gericht mit Britteln (Mehlklößchen) statt mit Kartoffeln an. Häufig wird Bratwurst oder Kasseler dazu serviert.

Grünkohltopf

Zubereitungszeit: 2 Stunden
Zutaten für 4–6 Personen

1 1/2 kg Grünkohl
1 l Salzwasser
2 Zwiebeln, gewürfelt
60 g Schmalz
1/4 l Brühe
Salz, Pfeffer
1 EL Senf, Zucker nach Geschmack
4 geräucherte Mettenden
1 kg Kartoffeln, gekocht und gewürfelt

1. Den Kohl von den Rippen streifen. Nur die Blätter verwenden und diese gründlich waschen.

2. Mit kochendem Wasser übergießen und 2 Minuten kochen lassen. Mit kaltem Wasser abschrecken, dann ausdrücken und in Streifen schneiden.

3. Kohl und Zwiebeln in Schmalz anschmoren. Mit Salz, Pfeffer, Senf und Zucker würzen und mit Brühe ablöschen.

4. Die Würstchen mit einer Gabel mehrmals einstechen und auf das Gemüse legen. 30 Minuten kochen. Herausnehmen.

5. Die Kartoffeln untermengen. 10 Minuten kochen, grob stampfen und die Würstchen wieder auflegen.

Im Münsterland, in der Beckumer Gegend, kocht man kleine runde Winterbirnen mit. Im Kreis Coesfeld wird aus dem Eintopf oft eine sämige Eintopfsuppe. Anstelle von Würstchen kocht man in Ostwestfalen eine Kohlwurst mit.

Lippische Ananas

In diesem Gericht wird keine Ananas verwendet. Spötter nennen Steckrüben so!

Zubereitungszeit: 1 Stunde 30 Minuten
Zutaten für 4 Personen

750 g Schweineöhrchen,
-pfötchen und -schwänzchen
1 l Salzwasser
1 Steckrübe, in Stifte geschnitten
2 Möhren, in Stifte geschnitten
2 Stangen Lauch, in Ringe geschnitten
2 Zwiebeln, in Würfel geschnitten
500 g Kartoffeln, geschält, gewürfelt
Salz, Zucker, gekörnte Brühe
Petersilie, gehackt

1. Das Schweinefleisch in Salzwasser aufsetzen und 30 Minuten kochen.

2. Danach das Gemüse und die Kartoffeln zufügen. Nochmals 30 Minuten kochen.

3. Danach das Fleisch herausnehmen, absuchen und klein geschnitten wieder zurückgeben.

4. Den Eintopf leicht stampfen, mit Zucker, Salz und gekörnter Brühe abschmecken.

☞ Mit Petersilie bestreut auftischen.

Münstersches Töttchen

Es ist dem klassischen Ragout fin nachempfunden, aber deftiger gewürzt.
Ursprünglich wurde Restefleisch vom Kalb wie z. B. Kopf, Lunge und Herz dazu
verwendet, heute verarbeitet man in erster Linie Schultern, Brust.

Zubereitungszeit: 2 Stunden
Zutaten für 4 Personen

750 g Kalbsschulter
1 Zwiebel
1 Lorbeerblatt, 2 Nelken, 5 Pfefferkörner
1 l Wasser
Salz
2 Zwiebeln, gewürfelt
20 g Schmalz
3 EL Mehl
1 EL Senf

1. Das Fleisch mit Zwiebel, Lorbeerblatt, Nelken und Pfefferkörnern $1\,1/2 - 2$ Stunden in Salzwasser kochen. Das Fleisch herausnehmen, die Brühe durchsieben.

2. Zwiebeln in Schmalz hell anrösten, mit Mehl bestäuben, durchrühren. Mit Brühe ablöschen und aufkochen.

3. Das Fleisch würfeln und wieder in die Sauce rühren. Mit Senf abschmecken.

☞ Mit einem Brötchen und Worcestersauce heiß servieren.

Ruhrgebiet

Hattinger Pänneken Industrie

„Nomen est omen" schien mir deutlich über diesem Gericht zu stehen. Wäre das Rezept
nicht so alt, könnte man an moderne Kunst und „Happening" denken. Dabei ist
es nur ein sättigendes Abendessen aus dem Ruhrpott, ähnlich dem Bauernfrühstück
bestehend aus Kartoffeln, Schinkenwürfeln, Zwiebelringen und mit Milch verquirlten
Eiern, die man stocken läßt. „Pänneken Industrie" wird in der Pfanne serviert.
Das genaue Rezept? Gern!

Zubereitungszeit: 25 Minuten
Zutaten für 4 Personen

1 kg Kartoffeln (Sorte: Industrie),
gekocht und gewürfelt
3 Zwiebeln, gewürfelt
20 g Schmalz
100 g Schinkenwürfel
2 Eier, in Milch verquirlt
Salz, Pfeffer

1. Die Kartoffeln und Zwiebeln in einer großen, schweren Pfanne mit dem Schmalz braun anbraten.

2. Die Schinkenwürfel dazugeben und 5 Minuten schmoren lassen.

3. Inzwischen die Eier gut verquirlen, über die Kartoffeln gießen und mit Salz und Pfeffer würzen.

4. Das Gericht stocken lassen. In der Pfanne, ohne umzurühren, servieren.

Kapps ob de Schiewen

Zubereitungszeit: 45 Minuten
Zutaten für 4–6 Personen

40 g Schmalz zum Braten
500 g Kartoffeln, geschält und in feine
Scheiben geschnitten
1/2 Weißkohl, fein gehobelt, ohne Strunk
500 g Zwiebeln, in Scheiben geschnitten
Salz, Pfeffer
1 Tasse Wasser oder leichte Brühe

1. Das Schmalz in einer großen, hohen Pfanne zerlassen. Die Kartoffelscheiben kurz darin anbraten.

2. Auf die Kartoffeln den Weißkohl schichten, darauf die Zwiebeln.

3. Würzen, die Brühe angießen und den Deckel auf die Pfanne legen.

4. Bei kleiner Temperatur schmoren, bis das Wasser bzw. die Brühe verdampft ist und die Kartoffeln von unten eine braune Kruste angesetzt haben.

Das Gericht aus der Pfanne essen!

Sauerkraut mit weißen Bohnen

Zubereitungszeit: 2 Stunden 30 Minuten
Zutaten für 6 Personen

250 g weiße Bohnen,
über Nacht eingeweicht
750 g Eisbein (Dickbein vom Schwein)
750 g Sauerkraut
Salz, Pfeffer
750 g Kartoffeln, geschält,
gekocht und gewürfelt
125 g geräucherter Bauchspeck, gewürfelt

1. Bohnen mit dem Einweichwasser und dem Eisbein aufsetzen und 1 Stunde kochen lassen.

2. Danach das Sauerkraut obenauf schichten. 1 weitere Stunde kochen. Mit Salz und Pfeffer abschmecken.

3. Das Fleisch aus dem Topf nehmen und klein schneiden.

4. Die Kartoffeln im Gemüse erhitzen, dann leicht stampfen. Die Kartoffeln niemals roh zum Sauerkraut geben und darin kochen. Die Säure läßt sie glasig werden.

5. Das Fleisch unter das Gemüse heben.

6. Den Speck ausbraten und über den Eintopf geben.

Duisburger Zwiebelsuppe

Zubereitungszeit: 1 Stunde
Zutaten für 4 Personen

500 g Zwiebeln, grob gewürfelt
1 kg Kartoffeln, geschält und gewürfelt
4 Mettendchen, in Scheiben geschnitten
2 l Brühe
1–2 EL Essig
Salz, Pfeffer, 1 Prise Zucker

1. Die Zwiebeln, Kartoffeln und Mettwurstscheiben in der Brühe aufsetzen und garen.

2. Grob stampfen, mit wenig Essig säuern und mit Salz, Pfeffer und Zucker würzen.

Blauer Heinrich

Zubereitungszeit: 1 Stunde 30 Minuten
Zutaten für 4 Personen

750 g Rind- oder Hammelfleisch
200 g Graupen,
gewaschen und abgetropft
2 l Wasser
500 g Kartoffeln, geschält und gewürfelt
1 Stange Lauch, in Ringe geschnitten
Salz, Maggi

1. Das Fleisch 1 Stunde in Salzwasser kochen.

2. Danach die Graupen zum Fleisch geben und 30 Minuten weiter kochen.

3. Die Kartoffeln und den Lauch 20 Minuten vor Ende der Garzeit dazugeben.

4. Mit Salz und Maggi abschmecken.

5. Das Fleisch herausnehmen, klein schneiden und wieder zur Suppe geben. Kurz erhitzen.

Bigosch

Zubereitungszeit: 1 Stunde
Zutaten für 6 Personen

700 g Schweinebauch
125 g durchwachsener Speck ohne
Schwarte
Salz, Pfeffer aus der Mühle
3 EL Schmalz
500 g Sauerkraut
10 Wacholderbeeren, zerdrückt
600 g geschälte Kartoffeln
1 Prise Zucker

1. Den Schweinebauch in Würfel von ca.
3 x 3 cm schneiden, ebenso den Speck. Die
Würfel salzen und pfeffern.

2. Schmalz in einer Kasserolle heiß werden
lassen und die Fleischwürfel darin anbraten.
Mit Wasser auffüllen. Das zerpflückte Sauerkraut mit Wacholder zusetzen und alles
zugedeckt 30 Minuten schmoren lassen.

3. Nebenher die geschälten Kartoffeln in
1 cm dicke Scheiben schneiden und diese in
Salzwasser nicht ganz gar kochen, abgießen.

4. Wenn Kraut und Fleisch geschmort sind,
auch die gekochten Kartoffelscheiben zugeben, umrühren und alles zusammen nochmals 20 Minuten bei mäßiger Hitze köcheln
lassen. Mit Salz, Pfeffer und Zucker würzen.

Schnieders Courage

Zubereitungszeit: 2 Stunden 30 Minuten
Zutaten für 6 Personen

125 g weiße Bohnen,
über Nacht in $1/4$ l Wasser eingeweicht
375 g Bauchfleisch
250 g Möhren, in Scheiben geschnitten
250 g Kartoffeln, geschält
und in Scheiben geschnitten
1 Zwiebel, in Ringen
1 Apfel, geviertelt und entkernt,
in Scheiben geschnitten
$1/2$ Stange Lauch, in Ringen
125 g Backpflaumen
1 TL gekörnte Brühe
2 TL Salz
$1/2$ TL Pfeffer

1. Die weißen Bohnen mit dem Bauchfleisch und 1 Liter frischem Wasser aufsetzen und knapp 1 Stunde kochen lassen.

2. Die vorbereiteten Zutaten – Lauch aus-
genommen – und die Backpflaumen zu den
Bohnen geben. Das Bauchfleisch obendrauf
legen. Das Gericht mit gekörnter Brühe,
Salz und Pfeffer würzen, wieder aufkochen
lassen und dann auf milder Hitze weitere
30 Minuten garen.

3. Den Lauch in den letzten 5 Minuten
mitgaren. Den Speck herausnehmen, in
Scheiben schneiden und extra anrichten,
nach Belieben mit Senf bestreichen.

Rheinland (Nordrhein)

Toller Jakob

Zubereitungszeit: 2 Stunden 30 Minuten
Zutaten für 4 Personen

250 g weiße Bohnen in 1 l Wasser
über Nacht eingelegt
500 g geräucherter Bauchspeck
750 g Möhren, gestiftelt
2 Zwiebeln, in Scheiben geschnitten
40 g Butter
1 kg Kartoffeln, geschält und gewürfelt
$1/4$ l heiße Milch
Salz, Pfeffer
(am besten: schwarzer, frisch gemahlen)
1 Ei, verquirlt
40 g Mehl
40 g Butter
$1/8$ l Sahne

1. Die Bohnen mit dem Speck zum Kochen bringen. Etwa 90 Minuten kochen.

2. Die Möhren und Zwiebeln in Butter schmoren, etwas Wasser zugießen und weich schmoren.

3. Die Kartoffeln kochen. Das Wasser abgießen. Die Kartoffeln mit heißer Milch übergießen und stampfen. Das Ei einrühren.

4. Die Bohnen und Möhren abgießen. Das Möhrenwasser auffangen.

5. Das Fleisch herausnehmen und klein schneiden. Bohnen, Möhren und Fleisch unter den Brei heben.

6. Aus Mehl, Butter, Möhrenwasser und Sahne eine helle Sauce herstellen. Diese durch den Eintopf ziehen. Pikant abschmecken.

Buttermilchsuppe mit Bohnen

Zubereitungszeit: 1 Stunde 30 Minuten
Zutaten für 4 Personen

100 g weiße Bohnen,
über Nacht vorgeweicht
500 g grüne Bohnen,
abgefädelt und in Stücke geschnitten
500 g Kartoffeln,
geschält und grob zerschnitten
1 l Buttermilch
1/4 l saure Sahne
Salz, Pfeffer

1. Die weißen Bohnen mit dem Einweich-wasser und Salz 45 Minuten garen.

2. Die grünen Bohnen mit heißem Wasser übergießen und kurz aufkochen. Das Wasser abgießen. Mit neuem Wasser aufsetzen und 20 Minuten garen.

3. Die Kartoffeln kochen, abgießen und zerstampfen.

4. Bohnen und Kartoffeln mischen, mit Buttermilch und Sahne übergießen und erhitzen. Nicht kochen!

5. Durchrühren und mit Salz und Pfeffer würzen.

Manche Hausfrau lässt noch Backpflaumen in der heißen Buttermilch ausquellen.

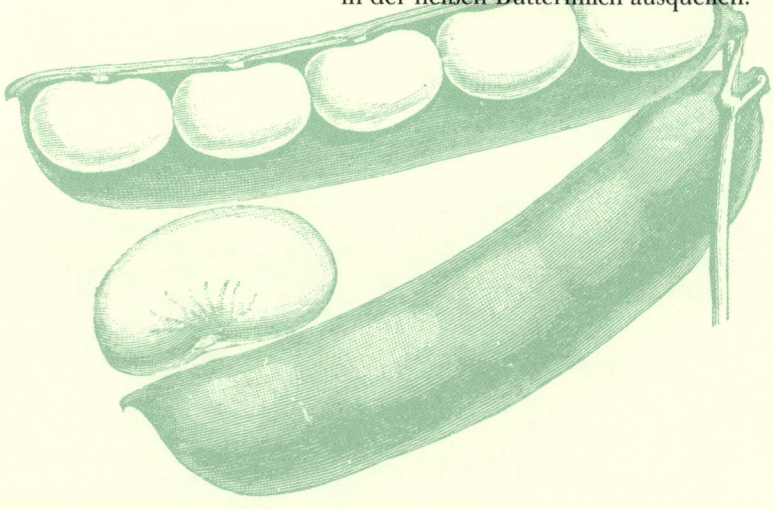

Rheinische Erbsensuppe

Zubereitungszeit: 2 Stunden 30 Minuten
Zutaten für 6 Personen

250 g gelbe Erbsen, geschält, und 250 g
grüne Erbsen, ungeschält,
über Nacht in 1 1/2 l Wasser eingeweicht
250 g Spitzbein oder Schweineöhrchen
oder magerer Schweinebauch,
in 1 cm große Würfel geschnitten
250 g geräucherter durchwachsener
Speck, gewürfelt
1 große Zwiebel, fein gehackt
250 g rohe, geschälte Kartoffeln,
in 1 cm große Würfel geschnitten
1 Knoblauchzehe, fein gehackt
1 TL Majoran
2 EL gekörnte Brühe
Salz
schwarzer Pfeffer aus der Mühle
1 Prise Zucker

1. Erbsen mit Einweichwasser in großem Topf mit Fleisch, Speck, Zwiebeln, Kartoffeln, Knoblauch und Majoran (falls notwendig, noch Wasser nachfüllen, damit alles gut bedeckt ist) zum Kochen bringen. 15 Minuten bei mittlerer Hitze kochen lassen, dabei abschäumen.

2. Bei kleiner Hitze mit Deckel unter gelegentlichem Rühren 2 Stunden kochen lassen.

3. Mit Salz, Pfeffer, gekörnter Brühe und einer Prise Zucker abschmecken. Noch 5 Minuten unter Rühren köcheln lassen.

Getränk: Bier, Korn

☞ Als Beilage Kochwürste (15 Minuten mitkochen), geröstete Weißbrotwürfel, kross gebratene Speck- und Zwiebelwürfel oder 1 EL rohes Sauerkraut in jeden Teller geben. Lässt sich für 8 Wochen einfrieren.

Linsensuppe

Zubereitungszeit: 2 Stunden 30 Minuten
Zutaten für 6 Personen

500 g Linsen, über Nacht eingeweicht,
dann abgegossen
2 l einfache Rinderbrühe
200 g Räucherschwarten, gewaschen
200 g durchwachsener Räucherspeck,
fein gewürfelt
200 g geräucherte Würstchen,
in Scheiben geschnitten
200 g Sellerieknolle, fein gewürfelt
3 Möhren, in dünne Scheiben geschnitten
2 mittelgroße Lauchstangen,
in dünne Ringe geschnitten
1 EL Zucker
Salz
weißer Pfeffer aus der Mühle
4 EL Weinessig

1. Linsen, Brühe, Schwarten in einem großen Topf zum Kochen bringen und bedeckt 20 Minuten bei mittlerer Hitze kochen. Abschäumen.

2. Gemüse, Speckwürfel und Wurstscheiben dazugeben und bei kleiner Hitze unter gelegentlichem Rühren noch knapp 40 Minuten mit Deckel kochen. Falls notwendig, abschäumen.

3. Schwarten entfernen, dann mit Zucker, Salz, Pfeffer und Essig süß-sauer abschmecken. Lauchringe dazugeben und noch 2 Minuten bei kleiner Hitze offen stehen lassen.

Getränk: Rotwein

Lässt sich nicht einfrieren. Nur im Kühlschrank bis zu 3 Tagen haltbar.

Himmel und Erde

Dieses Gericht entspricht in idealer Weise dem alten Düsseldorfer Handwerkerspruch:
„Erst mal langsam jut frühstücken, jearbeitet hammer schnell.“

Zubereitungszeit: 30 Minuten
Zutaten für 4 Personen

1 kg mehlig kochende Kartoffeln, geschält
500 g säuerliche Äpfel, geschält,
entkernt, in Scheiben geschnitten
1 EL Salz
1 EL Zucker
150 g durchwachsener Speck, gewürfelt
2 mittlere Zwiebeln, fein gewürfelt
1 EL Butter

1. Kartoffeln im Topf mit so viel Wasser aufsetzen, dass sie gerade bedeckt sind. 1 Esslöffel Salz und Zucker zufügen. Mit Deckel bei mittlerer Hitze 20 Minuten kochen lassen.

2. Danach die Äpfel obenauf legen. 10 Minuten kochen lassen.

3. Speck mit Zwiebeln und Butter in einer Pfanne bei mittlerer Hitze bräunen lassen. Warm stellen.

4. Falls noch Flüssigkeit im Kartoffeltopf vorhanden ist, abgießen und dann die gekochten Kartoffeln mit den Äpfeln zu Püree zerstampfen.

5. Heiße Sauce aus der Pfanne über das Mus geben.

Kross gebratene „Blootwoosch“ (Blutwurst) gehört für jeden Rheinländer zu seinem Nationalgericht.

Rheinland-Pfalz

Von Aachen bis zum Hohen Venn, vom Nürburgring bis in die Ardennen, von Winzer-städten an der Ahr bis zu den berühmten Kraterseen der Eifel, den Maaren, habe ich die Eifel oft besucht.

Wer gern Schwein vom Spieß, über offenem Feuer gebraten, isst, sollte im August nach Wittlich zur berühmten Säubrennerkirmes fahren, wo Dutzende Sauen am Spieß rotieren...

Man feiert überhaupt gern in der Eifel. Schützen-, Burg-, Weinfeste und Kirmessen – irgendwo ist immer was los.

Man kann es immer wieder beobachten – Pfälzer kriegen feuchte Augen, wenn sie vom Saumagen reden. Mir ist diese Mischung aus Speck, Kartoffeln, Äpfeln, Brötchen, Schweine-hack und Eiern, offen gesagt, zu derb. Dieser Vorbehalt hat mich aber nicht davon abgehalten, mich mit der pfälzischen Küche intensiv zu beschäftigen. Denn ich habe in der Pfalz Gerichte kennengelernt, die seitdem zu meinen Lieblingsspeisen gehören.

In Pfälzer Gaststätten und Haushalten wird nach wie vor das Wort Suppe groß geschrie-ben. Hier gibt es sie noch, die bei uns in Vergessenheit geratene Grünkernsuppe. Ihre Hauptzutat – das Grünkernmehl – wird aus dem unreif geernteten und dann gedörrten Korn des Dinkels gewonnen. Er wird fast ausschließlich in Nordbaden und der Pfalz angebaut, wo übrigens auch Feigen, Esskastanien und Mandeln reifen.

Die Pfälzer Küche dürfte es denn auch gewesen sein, die die Franzosen, die so oft die Pfalz in Besitz nahmen, auf den Namen „Le beau jardin du Bon Dieu" brachte. Ins Deutsche übersetzt heißt das: Des lieben Gottes schöner Garten.

Eifel und Mosel

Eifeler Weinfleisch

Zubereitungszeit: 3 Stunden
Zutaten für 6 Personen

300 g Schweineschulter
300 g Schweinenacken
300 g Rinderbrust,
alles Fleisch grob gewürfelt,
über Nacht in $^1/_2$ l Weißwein eingelegt
1 kg rohe Kartoffeln, geschält,
in dünne Scheiben geschnitten
375 g Zwiebeln, in dünne Scheiben
geschnitten
Bouquet garni aus:
1 Bund Petersilie,
1 Zweig Thymian,
1 Lorbeerblatt und
1 Zweig Majoran
1 Knoblauchzehe
1 EL Butter
Salz, schwarzer Pfeffer aus der Mühle

1. Römertopf wässern. Fleisch aus der Marinade nehmen, abtropfen lassen und mit Küchenkrepp abtupfen. Weinmarinade beiseite stellen.

2. Römertopf mit der Hälfte der rohen Kartoffelscheiben auslegen, eine Lage Fleisch darauf geben, dann Zwiebelscheiben, jede Schicht leicht salzen und pfeffern.

3. Kräuterbouquet und Lorbeerblatt obenauf legen und die Knoblauchzehe darüber auspressen. Backofen auf 220 °C vorheizen.

4. Mit den restlichen Kartoffeln abdecken. Weinmarinade darüber gießen und Form schließen. 1 $^1/_2$ Stunden auf der unteren Schiene des Ofens bei 220 °C backen.

5. Dann eine Tasse Weißwein dazugießen und bei kleiner Hitze (160 °C) mit Deckel nach einer Stunde auf der mittleren Schiene des Ofens garen.

6. Kräuter entfernen, mit Salz und Pfeffer noch einmal abschmecken.

Cräwes (Stampes)

In der Eifel ebenso beliebt wie an der Mosel! Dieser Eintopf ist das Lieblingsessen aller Winzer, denn es ist schnell zuzubereiten, aufzuwärmen und hält Leib und Seele zusammen.

Zubereitungszeit: 2 Stunden
Zutaten für 6 Personen

1 kg Eisbein oder Schweinerippchen
1/4 l Brühe
750 g Sauerkraut
1 Zwiebel, halbiert
1 Lorbeerblatt
1/4 l Weißwein
Salz, Pfeffer
1 kg Kartoffeln, geschält
Salzwasser
1/4 l Milch, sehr heiß
Speckwürfel
Zwiebelwürfel

1. Das Fleisch in Brühe 1 Stunde halb gar kochen.

2. Danach das Sauerkraut mit der Zwiebel und dem Lorbeerblatt oben auf legen, Wein angießen, würzen und 30 Minuten garen.

3. Die Kartoffeln in Salzwasser garen. Das Wasser abgießen.

4. Die Kartoffeln mit heißer Milch übergießen und zu Brei zerstampfen.

5. Das Fleisch zerteilen.

6. Sauerkraut und Fleisch auf den Kartoffelbrei legen, leicht unterheben.

7. Speck und Zwiebel braun braten und über das Gericht geben.

Moselaner Fronleichnamstopf

Vor allem an Fronleichnam, aber auch immer wenn es schnell gehen muss und doch etwas „Besonderes" die Mägen erfreuen soll, dann gibt es an der Mosel dieses Essen. Es ist schnell vorbereitet und kann unbeaufsichtigt vor sich hin garen.

Zubereitungszeit: 4 Stunden
Zutaten für 6 Personen

*je 500 g Rindfleisch und Kalbfleisch,
in faustgroße Stücke geschnitten
Salz, Pfeffer
Öl zum Anbraten
5 Tassen Wasser
2 Tassen Brühreis
Maggi
1 kleine Karaffe Weißwein*

1. Das Fleisch würzen und anbraten.

2. Mit einer Tasse Wasser ablöschen und 1 Stunde schmoren.

3. Den Reis waschen und zugeben.

4. Mit dem restlichen Wasser auffüllen. Den Deckel fest schließen.

5. Bei ganz geringer Hitze 3 Stunden simmern lassen. Zwischendurch gelegentlich umrühren.

6. Mit Maggi abschmecken.

☞ Nach Geschmack gibt jeder etwas Wein über das Gericht im Teller.

Eifeler Scholes

Zubereitungszeit: 2 Stunden
Zutaten für 4 Personen

*1 1/2 kg Kartoffeln, geschält
1 Zwiebel, geschält
3 Brötchen, in Milch eingeweicht
1 Stange Lauch, fein geschnitten
50 g durchwachsener Speck,
gewürfelt, gebraten
4 Eier
Salz, Pfeffer
Butter zum Ausfetten der Form*

1. Kartoffeln und Zwiebel reiben.

2. Die Brötchen ausdrücken. Mit Kartoffeln und Zwiebeln vermengen

3. Lauch, Eier und Speck unter die Kartoffel-Zwiebelmasse mengen. Würzen.

4. In eine gebutterte Auflaufform füllen und im Ofen bei 200 °C in 1 1/2 Stunden goldbraun backen.

110

Sure-Bunne-Eintopf

Zubereitungszeit: 1 Stunde
Zutaten für 4–6 Personen

1 kg sauer eingelegte Schnittbohnen
500 g Kartoffeln, geschält und gewürfelt
500 g Äpfel, entkernt und geschält
Salz, Pfeffer
1 Zwiebel, gewürfelt
1 EL Fett
1 EL Mehl
2 Tassen Wasser

1. Die Bohnen mehrmals waschen, in wenig Wasser halb weich kochen.

2. Die Kartoffelwürfel dazu geben und mitkochen.

3. Die Äpfel getrennt weich kochen. Danach zu den Bohnen geben. Durchstampfen und würzen.

4. Die Zwiebel in etwas Fett bräunen, Mehl darüber streuen und mit Wasser ablöschen. Sämig kochen.

5. Diese Sauce in den Bohnentopf rühren.

☞ Man serviert häufig Rippchen dazu, der Eintopf schmeckt aber auch „solo".

Bunnedünn

Zubereitungszeit: 1 Stunde
Zutaten für 4 Personen

1 kg Kartoffeln, geschält
500 g grüne Bohnen, abgefädelt und geschnippelt
Salzwasser
1/2 l heiße Milch
etwas Sahne
Salz, Pfeffer, Essig
20 g Butter

1. Die Kartoffeln in Salzwasser 20 Minuten garen.

2. Die Bohnen mit heißem Wasser übergießen, aufkochen, das Wasser abgießen. In neuem Salzwasser 20 Minuten garen.

3. Kartoffeln in der heißen Milch stampfen und würzen. Mit Sahne verfeinern.

4. Bohnen und Butter unterheben und mit Essig leicht säuern.

Pfalz

Grünkernsuppe

Zubereitungszeit: ca. 2 Stunden
Zutaten für 4 Personen

Für die Brühe:
1 Schinkenknochen
2 l Wasser
1 Bund Suppengrün, zerkleinert

Außerdem:
600 g Grünkernmehl (Reformhaus)
$^1/2$ Sellerieknolle, in Stifte geschnitten
Pfeffer, Salz, Muskat
1 Eigelb
2 EL saure Sahne
1 EL kalte Butter

1. Den Knochen in kaltem Wasser aufsetzen und mit dem Suppengrün etwa 1 1/2 Stunden ziehen lassen.

2. Liter Brühe abmessen, mit dem Grünkernmehl vermischen und erhitzen. Sellerie dazugeben und 15 Minuten kochen.

3. Mit Salz, Pfeffer und Muskat würzen.

4. Das Eigelb mit der Sahne verquirlen und die Suppe damit legieren. Nicht mehr kochen.

5. Die Butter einrühren und servieren.

Saure Grumbeere-Brieh

Manches Gericht auf regionalen Speisezetteln muss erst einmal übersetzt werden, bevor „Ausländer" verstehen, um was es sich handelt. Hier geht's um eine Pfälzer Kartoffelsuppe:

Zubereitungszeit: 30 Minuten
Zutaten für 4 Personen

1 Stange Lauch
$^1/4$ Sellerieknolle
1 kg Kartoffeln, geschält und gewürfelt
1 Zwiebel, geschält
1 Lorbeerblatt
1 Nelke
Salz
4 EL Weinessig
4 TL gekörnte Brühe
1 TL Majoran
2 EL Petersilie, fein gehackt

1. Lauch und Sellerie putzen, waschen und in Stücke schneiden. Mit den Kartoffeln, der unzerteilten Zwiebel, Lorbeerblatt und Nelke in Salzwasser weich kochen.

2. Kartoffeln und Gemüse durch ein Sieb streichen und so viel von dem Kochwasser dazugeben, bis die Suppe dickflüssig ist.

3. Mit Weinessig abschmecken und mit Salz, gekörnter Brühe, Majoran und Petersilie verfeinern.

Jägerkohl

Zubereitungszeit: 1 Stunde 15 Minuten
Zutaten für 6 Personen

750 g Weißkohl
150 g durchwachsener Speck
1 Zwiebel
350 g Hackfleisch, gemischt
Salz, Pfeffer
1/4 l Fleischbrühe
500 g Kartoffeln

1. Den Weißkohl putzen, waschen und fein hobeln. Den Speck würfeln, in einem Topf auslassen, die gewürfelte Zwiebel darin glasig braten. Dann das Hackfleisch zugeben und bräunen. Dabei salzen und kräftig pfeffern. Dann den Kohl zugeben, die Brühe zugießen, das Gericht auf milder Hitze 40 Minuten garen.

2. Inzwischen die Kartoffeln schälen, waschen und in Scheiben schneiden. Nach 20 Minuten auf den Kohl geben und noch 20 weitere Minuten garen.

Pitter und Jupp

Zubereitungszeit: 1 Stunde
Zutaten für 6 Personen

500 g Wirsing
500 g Möhren
500 g Kartoffeln
1 Bund Suppengrün
40 g Butter
1/2 l Wasser
2 TL gekörnte Brühe
Salz
Pfeffer
Muskat
4 Mettwürste
2 Bund Petersilie

1. Den geputzten, gewaschenen Wirsing in feine Streifen schneiden. Die geputzten Möhren würfeln. Die geschälten Kartoffeln auch. Das Suppengrün putzen, waschen und zerkleinern.

2. Die Butter in einem Topf heiß werden lassen. Den Wirsing darin andünsten. Dann 1/2 Liter Wasser zugießen, mit der gekörnten Brühe würzen. Die Möhren, Kartoffeln und das Suppengrün auf den Wirsing legen. Den Eintopf auf kleiner Hitze in 45 Minuten garen.

3. Dann grob zerstampfen, wieder in den Topf geben, mit Salz, Pfeffer und Muskat würzen. Die in Scheiben geschnittenen Würstchen untermischen. Den Eintopf noch einmal abschmecken, mit gehackter Petersilie bestreut servieren.

Saarland

Die Nachbarschaft zu Frankreich hat bei vielen Rezepturen, gerade in der bürgerlichen Küche, großen Einfluß gehabt. Dennoch ist die saarländische Küche eigenständig geblieben. Wild aus den großen Wäldern – immerhin ist das Saarland das zweitgrößte waldreiche Bundesland nach Bayern – hat der heimischen Küche einen besonderen Akzent gegeben.

Im Lande gebrautes Bier aus Saarlouis oder Homburg trinkt der Saarländer gegen den Durst, Quetsch, Mirabell, Birn und Kirsch zur Freude und zum Genießen den Wein des Landes.

Einem Reisenden aus Ostdeutschland im 18. Jahrhundert verdankt der Saarländer drei Worte, mit denen seine Lieblingstätigkeiten treffend beschrieben sind: Bauen, Beten, Braten.

Dass man im grünen Hügelland der Saar küchenmäßig gut aufgehoben ist, wussten schon Römer und Ritter. Viele archäologische Funde und Ruinen des Mittelalters bestätigen das.

Geselligkeit, die der Saarländer über alles schätzt, hat hier eine eigenartige Voraussetzung: Möglichst im Freien muss sie stattfinden. Deswegen begann ich meine Küchenrecherchen auch da, wo alle echten „Fresser" starten: an den Marktständen. Unter den barocken Simsen der Ludwigskirche in Saarbrücken kaufen die „Alldahiesigen" (dort Geborenen) ein, was sie für ihre traditionelle Küche brauchen. Zwiebeln, Sauerkraut und Wein haben darin ihre festen Plätze, ebenso wie die verschiedenen gebrannten Obstwässerchen, die als „Gewürz" für viele Nachspeisen, unter allen Umständen aber für Obstaufläufe, obligatorisch sind.

Weinsuppe

In der Gegend vor Merzig fand ich dieses Rezept, das ich für Freunde schon viele Male fotokopiert habe. An warmen Tagen wird diese Suppe als leichte Hauptmahlzeit mit Zwiebäcken gerne gegessen.

Zubereitungszeit: 20 Minuten
Zutaten für 4 Personen

1 l Saarwein oder Appelviez (Apfelwein)
60 g Zucker
1 Scheibe Zitrone
1 Stück Schale von einer unbehandelten Zitrone
1 Stange Zimt
4 EL Grünkernmehl
(aus dem Reformhaus)
2 Eiweiß
1 TL Vanillezucker
8 Zwiebäcke
2 Eigelb
1/8 l Schlagsahne

1. Wein, Zucker, Zitrone, Zitronenschale und Zimtstange zum Kochen bringen.

2. Grünkernmehl mit wenig Wasser glattrühren, in die Suppe einrühren. Aufkochen lassen, Zimt und Zitronenschale herausnehmen. Suppe heiß halten.

3. Ofen auf 250 °C vorheizen. Eiweiß und Vanillezucker steif schlagen und auf jeden Zwieback einen kleinen Eiweißturm setzen. Auf der Mittelschiene überbacken, bis das Eiweiß zarte Bräune zeigt.

4. Eigelb mit Sahne verquirlen und in die heiße Suppe einrühren. Nicht mehr kochen!

5. Mit den Zwiebäcken getrennt oder auf dem Teller schwimmend servieren.

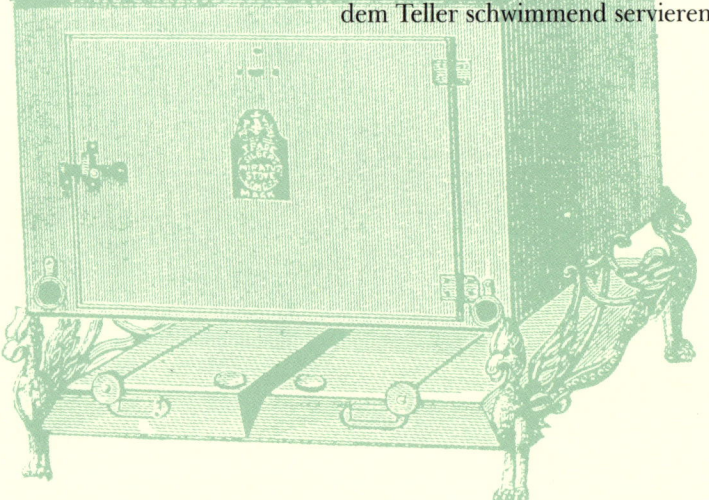

Rappsupp

Zubereitungszeit: 1 Stunde
Zutaten für 4–6 Personen

250 g geräucherter Bauchspeck
2 Bund Suppengrün, gewürfelt
2 Zwiebeln, grob gehackt
1 Petersilienwurzel, gewürfelt
1 1/2 l Fleischbrühe
1 Stängel Liebstöckel (Maggikraut),
grob zerzupft
5 Kartoffeln, geschält
Salz, Muskat, Pfeffer
1 Ei, verschlagen

1. Speck und Gemüse sowie Liebstöckel in der Brühe 30 Minuten kochen.

2. Danach reibt (rappt) man die Kartoffeln in die Suppe und lässt diese nochmals 5 Minuten kochen.

3. Abschmecken und mit dem Ei legieren.

Zweibrücker Linsen

Zubereitungszeit: 1 Stunde 30 Minuten
Zutaten für 4 Personen

50 g geräucherter Bauchspeck, gewürfelt
1 Zwiebel, gewürfelt
250 g Linsen, am Vorabend gewässert
1 Bund Suppengrün, gewürfelt
2 Kartoffeln, geschält, gewürfelt
2 Lorbeerblätter
4 Nelken
Salz, Pfeffer
1 EL Butter
2 EL Zucker
1/4 l Sahne

1. Speck und Zwiebel glasig braten. Mit den Linsen auffüllen, 30 Minuten kochen.

2. Gemüse und Kartoffeln dazugeben. Ebenso die Gewürze. Wiederum 30 Minuten kochen lassen.

3. Mit Salz und Pfeffer abschmecken.

4. Die Butter in einer Pfanne erhitzen. Darin den Zucker schmelzen lassen und karamellisieren. In die Suppe rühren.

5. Mit Sahne verfeinern.

Bäckerofen

*Der Saarbrücker Bäckerofen unterscheidet sich von dem badischen durch
die reichliche Zugabe von Schnittlauch. Überhaupt fand ich auf den Märkten
des Saarlandes riesige Bündel von Schnittlauch und Kräutern.*

Zubereitungszeit: 3 Stunden
Zutaten für 4 Personen

*je 250 g Rind-, Schweine- und Hammel-
fleisch, in große Würfel geschnitten
Salz, Pfeffer
2 Knoblauchzehen, fein zerdrückt
Butter für die Form
3 Zwiebeln, in Ringe geschnitten
1 Bund Schnittlauch,
in feine Ringe geschnitten
750 g Kartoffeln, geschält und
in Scheiben geschnitten
2 Lorbeerblätter
$^1/_8$ l Weißwein oder Appelviez
(Apfelwein)*

1. Am Abend vorher das Fleisch vorbereiten: Es wird mit Salz, Pfeffer und Knoblauch
gewürzt. Zugedeckt kühl stellen.

2. Am nächsten Morgen eine Auflaufform
mit Deckel ausfetten.

3. Den Boden der Form mit Zwiebelringen
auslegen und mit Schnittlauch bestreuen.

4. Darauf das Fleisch legen und obenauf
die Kartoffelscheiben. Salzen und pfeffern.

5. Die Lorbeerblätter zerbröseln und obenauf streuen.

6. Den Wein angießen, mit dem Deckel fest
verschließen.

7. Im vorgeheizten Backofen bei 225 °C auf
mittlerer Schiene 2 Stunden backen lassen.

☞ Im Topf servieren. Dazu reicht man
grünen Salat mit viel Schnittlauch.

Heißer Topf aus Neunkirchen

Zubereitungszeit: 2 Stunden 30 Minuten
Zutaten für 4 Personen

Butter für die Form
750 g Kartoffeln, geschält und
in fingerdicke Scheiben geschnitten
3 große Zwiebeln,
in dünne Scheiben geschnitten
350 g geräucherte Bauchspeckscheiben
2 EL Petersilie, gehackt
Salz, Pfeffer
1/4 l Appelviez (Apfelwein)

1. Eine feuerfeste Form buttern.

2. Abwechselnd Kartoffeln, Zwiebeln, Speck und Petersilie einschichten. Den Abschluss sollten Kartoffeln bilden. Jede Schicht salzen und pfeffern.

3. Mit Viez übergießen. Den Topf fest verschließen.

4. Bei 150 °C im vorgeheizten Ofen etwa 2 Stunden garen. Die letzten 10 Minuten den Deckel abnehmen.

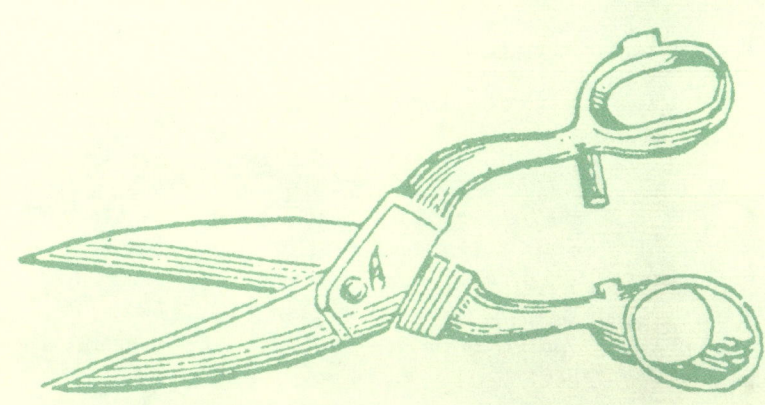

Baden-Württemberg

Kulinarisch muß man dieses Bundesland zwischen Stuttgart und Karlsruhe, dem Neckar und dem Oberrhein, dem Schwarzwald und dem Bodensee in zwei Regionen teilen: die badische und die schwäbische Küche.

Das, was badische Hausfrauen wie selbstverständlich auf den Esstisch bringen, ist schon das Nachkochen wert. Wer hier noch davon spricht, dass die französische Küche besser als die deutsche sei, der versteht einfach nichts vom Essen. Diese Meinung wird jeder teilen, der einmal (und danach bestimmt öfter) badische Rezepte ausprobiert hat. Nicht zuletzt die Eintöpfe. Sie sind sowohl bäuerlich deftig als auch oft raffiniert.

Schlichter geht's im Hochschwarzwald zu, wo Bauernbratwurst, Hülsenfrüchte und Sauerkraut, Schwarzwälder Speck mit Wacholderaroma und zartes Rauchfleisch zu den örtlichen Spezialitäten gehören.

Ich fand zwar nicht mehr ganze Familien aus einer Schüssel löffelnd, wie ehedem die Kartoffelsuppe mit Krachele (gerösteten Brotwürfeln); aber der Topf mit Sauerkraut, Wacholderbeeren und Birnenschnitzen, mit Geräuchertem und hausgemachten Würsten, mit Weißwein oder Rahm verfeinert, gehört auch heute noch zur deftigen häuslichen Schwarzwaldmahlzeit. Ludwig Uhland kommt mir in den Sinn mit seinem heiteren Vers:

> *„… Auch unser edles Sauerkraut,*
> *wir sollen's nicht vergessen:*
> *ein Deutscher hat's zuerst gebraut,*
> *drum ist's ein deutsches Essen."*

Für den Schwaben ist das Essen eine ernste Sache. Eine genüssliche Pflicht sozusagen, der man sich mindestens dreimal am Tag zu unterziehen hat. Eine kleine schwäbische Geschichte bringt die Sache auf den Punkt:

Es klingelt an der Haustür. Die Hausfrau öffnet und sieht vor sich einen Bettler in schäbiger Kleidung. Der sagt: „Oh, gute Frau, i hab seit drei Tag nix gesse." Die Hausfrau mustert ihn kurz und antwortet, indem sie langsam die Tür schließt: „Sie müsset sich zwinge."

Baden und Schwarzwald
Kartoffelsuppe, badische Art

Zubereitungszeit: 1 Stunde 30 Minuten
Zutaten für 4 Personen

2 EL Schmalz
^{1}/2 Sellerieknolle, grob gewürfelt
1 Stange Lauch, in Scheiben geschnitten
1 Möhre, klein geschnitten
1 Zwiebel, gewürfelt
1 Knoblauchzehe
2 Tomaten, klein geschnitten
500 g Kartoffeln, klein geschnitten
2 Stängel glatte Petersilie
(Blätter gehackt, Stiele aufheben)
1 ^{1}/2 l einfache Rinder-Bouillon oder
Instant-Fleischbrühe
1 Scheibe Schwarzbrot
125 g durchwachsener Schwarzwälder
Speck, gewürfelt
^{1}/8 l süße Sahne
Salz
schwarzer Pfeffer aus der Mühle

1. Schmalz in einem großen Topf erhitzen. Sellerie, Lauch, Möhre, Zwiebel, Knoblauch, Tomaten, Kartoffeln und Petersilienstiele darin andünsten, unter Rühren bei kleiner Hitze etwa 5 Minuten Farbe annehmen lassen.

2. Mit Brühe auffüllen und das zerkrümelte Schwarzbrot dazu geben.

3. Zugedeckt bei kleiner Hitze 1 Stunde kochen.

4. Speckwürfel in der Pfanne kross auslassen. Fett abgießen. Speckgrieben warm stellen.

5. Suppe durch ein Sieb gießen, kräftig passieren, falls nötig, etwas Flüssigkeit dazugeben. Unter Rühren noch einmal aufkochen lassen, Sahne dazugeben. Mit Salz und Pfeffer abschmecken.

6. Grieben auf die Teller verteilen. Suppe einfüllen und mit der gehackten Petersilie bestreuen.

Mit Beilage – jede Art Kochwurst von Bockwurst bis Debrecziner – auch für mehr als 4 Personen ausreichend.

Die Schwarzwälder passieren ihre Kartoffelsuppe nicht.

Badisches Matelote

Zubereitungszeit: 1 Stunde 30 Minuten
Zutaten für 4 Personen

750 g verschiedene Fischstücke, z.B.
von Aal, Schleie, Barsch, Karpfen, Forelle
1 Bund Suppengrün, grob zerstückelt
Salz
1 Zwiebel, gewürfelt
1/4 l Weißwein
1/4 l Sahne
40 g Butter
2 Eigelb, verquirlt

1. Die Fische abziehen und entgräten. Köpfe und Schwänze abschneiden. In mundgerechte Stücke schneiden.

2. Die Fischabfälle mit Suppengrün und Zwiebel in 1 Liter Salzwasser 1 Stunde garen.

3. Durch ein Sieb treiben und nochmals aufkochen. Durch Kochen auf die Hälfte reduzieren.

4. Die Fischstücke darin gar ziehen lassen. Weißwein und Sahne zugeben.

5. Butter einrühren. Mit Eigelb legieren. Nicht mehr kochen lassen.

Über handgemachte, gekochte breite Nudeln gießen.

Ochsenschwanzeintopf

Zubereitungszeit: 2 Stunden
Zutaten für 4 Personen

250 g Linsen, über Nacht eingeweicht
100 g Schwarzwälder Speck, gewürfelt
500 g Kartoffeln, geschält und gewürfelt
1 1/2 l Brühe
1 kg Ochsenschwanz in Stücken
1 EL Schmalz
1 Knoblauchzehe
2 Stangen Lauch
2 Möhren
1 Zwiebel
1/4 l Rotwein
1/8 l saure Sahne
Salz, Pfeffer, Majoran

1. Die Linsen mit dem Speck und den Kartoffeln in der Hälfte der Fleischbrühe in ca. 1 Stunde weich kochen.

2. Gleichzeitig den Ochsenschwanz in Schmalz braun anbraten, das klein geschnittene Gemüse mit der Zwiebel dazugeben und mit der anderen Hälfte der Brühe und dem Rotwein ablöschen. 1 Stunde schmoren lassen.

3. Das Fleisch von dem Knochen lösen. Mit der Brühe zu den Linsen geben.

4. Mit Sahne verfeinern. Kräftig abschmecken.

Schwarzwälder Jägertopf

Zubereitungszeit: 2 Stunden
Zutaten für 4 Personen

100 g Schwarzwälder Speck, gewürfelt
4 Zwiebeln, gewürfelt
750 g Wildfleisch (Hase, Reh, Hirsch),
gewürfelt
2 EL Butter
500 g Kartoffeln, geschält und gewürfelt
500 g frische Pfifferlinge, geputzt,
große Pilze halbiert
4 Möhren, blättrig geschnitten
2 Stangen Lauch, in Ringe geschnitten
Salz, Pfeffer, Majoran
1/4 l Fleischbrühe oder Wildfond

1. Speck und Zwiebeln glasig dünsten. Das Fleisch darin anbraten.

2. Alles in eine feuerfeste Form füllen.

3. Darauf Kartoffeln, Pilze, Möhren und Lauch schichten und würzen.

4. Mit Brühe übergießen. Den Topf schließen. Bei 200 °C im vorgeheizten Backofen gar schmoren. Das dauert etwa 2 Stunden.

5. Vor dem Servieren dick mit Petersilie bestreuen. In der Form zu Tisch geben.

Baeckaoffa

Der Baeckaoffa heißt so, weil die Leute früher ihre Töpfe zum Bäcker brachten,
der sie in der Restwärme nach dem Brotbacken zum Garen in den Brotbackofen stellte –
ein typisch alemannisches Gericht. Hier werden Zutaten verwendet, die die Hausfrau
gerade zur Hand hat, Fleischreste, frisches Gemüse, Kartoffeln und natürlich Wein.
Er wird in einem gusseisernen Bräter geschmort und wenn man noch Teig
vom Brotbacken übrig hat, verschließt man den Topf damit statt mit einem Deckel.
Das Gericht wird genauso zubereitet wie im Saarländer Teil (siehe Seite 118)
beschrieben, nur lässt man den Schnittlauch weg.

Freiburger Sauerkrautpfanne

Der Freiburger Markt ist ein Erlebnis wert. Da finden Sie Zutaten für provençalische Gerichte ebenso wie für solche aus dem Elsass und aus Baden. Große Holzbottiche und Gläser präsentieren Oliven, Öl, Knoblauch und heimische Pilze. Viele Stände geben Einblick in die Vielfalt an Blumen, Gemüse und Obst aus diesem Sonnenland. Aber auch große Pfannen mit Kraut lassen mit ihrem Duft das Wasser im Munde zusammenlaufen.

Zubereitungszeit: 45 Minuten
Zutaten für 6 Personen

250 g Schwarzwälder Speck
2 EL Schmalz
2 Zwiebeln, gewürfelt
500 g Sauerkraut
Salz, Zucker oder Honig
6 Wacholderbeeren
$^1/_4$ l Weißwein
40 g Butter

Schupfnudeln:
500 g Kartoffeln, gekocht und passiert
200 g Mehl
1 Ei
Salz und etwas Wasser
Salzwasser zum Kochen

1. Den Speck und die Zwiebeln in Schmalz glasig ausbraten.

2. Das Sauerkraut etwas zerkleinern und kurz mit anbraten.

3. Würzen und mit Wein ablöschen. Kochen, bis der Wein verdampft und das Kraut weich ist.

4. Inzwischen aus den Zutaten für die Nudeln einen Teig kneten. Diesen zu fingerlangen Rollen formen. Die Enden spitz zulaufen lassen.

5. In reichlich kochendem Salzwasser garen.

6. Eine große Pfanne erhitzen. Die Butter darin schmelzen und mit dem Sauerkraut und den abgetropften Nudeln füllen.

7. Unter häufigem Wenden bei kleinem Feuer braten.

Heiß aus der Pfanne gegessen, schmeckt dieses Gericht an der frischen Luft am besten.

Schwaben

Gaisburger Marsch

Zubereitungszeit: 2 Stunden
Zutaten für 6 Personen

Brühe:
500 g Rinderbrust
500 g Suppenknochen
1 Zwiebel, quer geschnitten und an
den Schnittflächen trocken angeröstet
1 Sellerieknolle, gewürfelt
2 Möhren, längs geviertelt und quer halbiert
1 Bund glatte Petersilie,
zusammengebunden
Salz, Pfeffer

Außerdem:
500 g fest kochende Kartoffeln,
geschält und in kleine Schnitze geschnitten
1 größere Zwiebel,
in dünne Ringe geschnitten
50 g Schweineschmalz
400 g Spätzle,
in Salzwasser gekocht und abgetropft
20 g Butter
frisch geriebene Muskatnuss
1 Bund Schnittlauch, sehr fein geschnitten

1. Die Zutaten für die Brühe in 2 Liter kaltem Wasser aufsetzen und langsam mit Deckel 2 Stunden weich kochen lassen. Rinderbrust herausnehmen, die Brühe durch ein Tuch abseihen. Gemüse dabei auspressen. Knochen und Gemüse wegwerfen.

2. Brühe kräftig abschmecken.

3. Kartoffelschnitze langsam darin garen.

4. Rinderbrust in Würfel schneiden und zu den kochenden Kartoffeln in die Brühe geben.

5. Die Zwiebelringe in heißem Schmalz in der Pfanne mit wenig Salz bräunen.

6. Die Spätzle in der Pfanne mit zerlassener Butter durchschwenken.

7. Zum Servieren: Eine Terrine mit Brühe, Kartoffeln und Fleisch auffüllen, mit Muskat und Salz abschmecken. Darauf die Spätzle füllen. Dann die angebratenen Zwiebeln darüber legen und alles mit dem frischen Schnittlauch bestreuen.

Getränk: Am besten trinkt man dazu einen württembergischen Wein, den Trollinger.

Brennte Grießsupp

Zubereitungszeit: 1 Stunde 20 Minuten
Zutaten für 4 Personen

60 g Butter
70 g Grieß
1 Möhre, klein geschnitten
1/4 Sellerieknolle, geschält und gewürfelt
1 Stange Lauch, in Ringe geschnitten
1 1/2 l Brühe
Salz, Muskat

1. Die Butter in einem Topf erhitzen. Den Grieß unter ständigem Rühren darin gelb rösten.

2. Das Gemüse zugeben und mitdünsten, bis der Grieß dunkelgelb ist.

3. Mit Brühe ablöschen und 1 Stunde kochen lassen.

4. Mit Salz evtl. nachwürzen, mit Muskat bestreuen.

Flädlesuppe

Zubereitungszeit: 30 Minuten
Zutaten für 4 Personen

1/2 l Milch
200 g Mehl
4 Eier
Salz
Öl zum Braten
1 l Brühe
Schnittlauch, in Röllchen geschnitten

1. Milch, Mehl, Eier und Salz zu einem dünnen, glatten Teig schlagen.

2. 10 Minuten quellen lassen.

3. Aus diesem Teig in heißem Öl dünne Pfannkuchen backen. Jeden einzelnen aufrollen.

4. Die Brühe erhitzen.

5. Die Pfannkuchenröllchen in feine Streifen schneiden und in vorgewärmte Teller verteilen.

6. Mit der heißen Brühe übergießen und mit Schnittlauch bestreuen.

Maultaschen

Jede Hausfrau, jede Gastwirtschaft hat ihre eigene Maultaschenfüllung.
Meistens werden sie in Suppe serviert, es gibt aber auch leckere Saucen,
mit denen die Maultaschen übergossen werden.

Zubereitungszeit: ca. 1 Stunde
Zutaten für 4 Personen

Teig:
500 g Mehl
4 Eier
Salz
8 EL Wasser

Füllung:
250 g gemischtes Hackfleisch
250 g Kalbsbrät
250 g frischer Spinat,
blanchiert und gehackt
1 Bund Petersilie, gehackt
2 Eier
Salz, Pfeffer, Muskat
1 Eiweiß, verquirlt
1 1/2 l Brühe
4 Zwiebeln, in Ringe geschnitten
40 g Butter

1. Aus den Zutaten einen festen Teig kneten und dünn ausrollen. Aus der Teigplatte 15–16 Quadrate ausrädeln.

2. Hackfleisch und Brät miteinander verkneten.

3. Spinat, Petersilie und Eier mit dem Fleischbrei vermengen.

4. Mit Salz, Pfeffer und Muskat abschmecken.

5. Auf jedes Teig-Quadrat möglichst viel Füllung legen. Die Ränder mit Eiweiß bepinseln. Über Eck zu Dreiecken zusammenklappen und fest andrücken.

6. Die Brühe erhitzen. Die Maultaschen 15 Minuten darin ziehen, aber nicht kochen lassen.

7. Inzwischen die Zwiebeln in Butter goldbraun braten.

8. Die Maultaschen in Suppentellern mit Brühe servieren. Die Zwiebeln obenauf geben.

☞ Maultaschen mit in Butter abgeschmelzten Semmelbröseln servieren.

Metzelsuppe

Früher wurde diese Suppe an Schlachttagen gekocht.
Sie war würzig und gehaltvoll durch die Würste, die in dem Wasser gegart wurden.
Hin und wieder platzte eine und machte die Suppe so schön herzhaft.

Zubereitungszeit: 20 Minuten
Zutaten für 4 Personen

40 g Schmalz
3 dicke Zwiebeln, in Ringe geschnitten
2 frische Leberwürste ohne Haut
2 frische Blutwürste ohne Haut
1 1/2 l Wasser
Salz, Pfeffer, Majoran
4 Scheiben dunkles Bauernbrot, gewürfelt
Schnittlauch

1. Schmalz in einen mittelgroßen Topf geben und die Zwiebeln darin anrösten.

2. Die Würste zu kleinen Klößen formen.

3. Zu den Zwiebeln geben und mitrösten.

4. Mit kochendem Wasser ablöschen und umrühren. Mit Salz, Pfeffer und Majoran würzen.

5. Brot in Schmalz rösten, in die Suppe streuen und 5 Minuten mitkochen.

6. Mit Schnittlauch bestreut servieren.

Hirnsuppe

Sie ist hier wie in Bayern gleichermaßen beliebt!

Zubereitungszeit: 50 Minuten
Zutaten für 4 Personen

1 Kalbshirn (250 g)
Salz
etwas Essig
1–2 Zwiebeln, fein gewürfelt
3 EL Butter
1 1/2 EL Mehl
1 l Kalbsbrühe
(aus Knochen und Suppengrün gekocht)
1 Glas Weißwein
weißer Pfeffer
1 Bund Brunnenkresse oder Petersilie,
gehackt

1. Hirn 2 Minuten in Salz-Essig-Wasser (1/2 Teelöffel Salz, 1 Esslöffel Essig) blanchieren (kochen und abschrecken) und die Haut abziehen. Anschließend in Brühe ca. 5 Minuten gar kochen. Brühe durchseihen und aufheben, Hirn beiseite stellen.

2. Die Zwiebeln in 2 Esslöffeln Butter hell bräunen, Mehl leicht bräunen lassen und unter Rühren die durchgeseihte Kochbrühe hineingeben.

3. Hirn fein hacken und in die Suppe geben.

4. Mit Weißwein, Salz und Pfeffer abschmecken.

Mit gehackter Brunnenkresse oder Petersilie im Teller bestreuen.

☞ Häufig verfeinert man die Suppe noch zusätzlich mit Sahne.

Bayern

Fränkische Küche ist eine Reise wert. Nicht nur wegen des Weines in der klassischen runden Flasche, dem Bocksbeutel, und nicht nur wegen der über Franken hinaus bekannten Nürnberger Rostbratwürste. Aus dieser Region stammen auch der kompliziertere Eintopf „Pichelsteiner Fleisch", die „Blauen Zipfel", der „Krautbraten" und die „Meefischli" – kleine, fingerlange, daumendicke Weißfische aus dem Main oder anderen Flüssen.

In Franken sollte man unbedingt „Blaue Zipfel" probieren. Außerhalb des Landes sind diese mit Zwiebeln, Zucker, Essig und Nelken sanft gekochten Bratwürste schwer nachzumachen, weil es dazu der fränkischen Bratwürste bedarf. Die Franken sagen, daß „Blaue Zipfel" jeden strapazierten Magen wieder einrenken. Werden sie geräuchert, heißen sie „Bauernseufzer".

Falls Sie die original fränkischen nicht bekommen, geht's zur Not auch mit frischen, gut gewürzten Bratwürsten.

Wo anfangen, wo aufhören? – Im größten Land der Bundesrepublik, dem Freistaat Bayern, ändert sich die kulinarische Tradition von Dorf zu Dorf. Da könnt' man freilich Bände füllen.

Mit einem Bayern über die Grenze des Biergenusses zu reden ist sinnlos. Sagt man: „Sie wissen doch, dass ein Liter Bier genauso viel Nährwert hat wie ein halbes Kilo Rindfleisch?", muss man mit der Antwort rechnen: „Ja mei, man kann doch nicht jeden Tag 6 Pfund Ochsenfleisch essen!" Und auf die Frage: „Was sagt denn die Leber zu Ihrem Bierkonsum?", kommt die Antwort: „De Leber hat bei uns gornix zum sog'n. Die kommt bei uns in d'Knödl nei!"

Franken

Hirtensuppe

Zubereitungszeit:
ca. 2 Stunden 30 Minuten
Zutaten für 6 Personen

1 kg Rindfleisch (Brust)
500 g Knochen
2 EL Salz
3 l Wasser
1 Bund Suppengrün (auch Petersilien-
stängel dazu), grob geschnitten
1 große Zwiebel, grob geschnitten
500 g Möhren, grob geschnitten
5 Pfefferkörner
1 Lorbeerblatt
70 g Butter
Liebstöckel (einige Blätter), fein geschnitten
4 Brötchen, in dünnen Scheiben,
ohne Kruste
1 TL Zimtpulver

1. Fleisch und Knochen in mittelgroßem Topf mit dem kalten Wasser und Salz aufsetzen und bei Mittelhitze langsam zum Kochen bringen. Abschäumen (30 Minuten).

2. Wenn das Wasser kocht, auf kleine Hitze stellen und noch weitere 20 Minuten lang abschäumen. Gemüse, Pfefferkörner und Lorbeer dazugeben und mit Deckel bei kleiner Hitze etwa 1 1/2–2 Stunden kochen. Ab und zu nachsehen, bei Bedarf abschäumen.

3. Wenn das Fleisch weich ist, herausnehmen. Die Suppe durch ein feines Sieb passieren.

4. Butter in einer kleinen Pfanne bei kleiner Hitze bräunen, rühren (7 Minuten). 1 Prise Salz und Liebstöckel zum Schluss in die Butter geben.

5. Brötchenscheiben auf Tellern oder in einer Suppenschüssel leicht mit brauner Butter übergießen, sehr dünn mit Zimt bestreuen und mit reichlich Brühe bedecken.

☞ Das Fleisch kann mit Meerrettich- oder kalter grüner Kräutersauce kalt oder warm gegessen werden.

Blaue Zipfel

1 l Wasser
1 Tasse Essig (170 ml)
3 Zwiebeln, in Ringe geschnitten
Salz
1 EL Zucker
2 Lorbeerblätter
8 grobe kleine Schweinsbratwürste

1. Das Wasser mit dem Essig aufkochen. Zwiebelringe, Salz, Zucker und Lorbeerblätter zufügen.

2. Die Würste in den fertigen Sud geben und ca. 15 Minuten auf kleiner Flamme ziehen lassen.

3. Die Würste in einer flachen Schüssel mit etwas Sud und reichlich Zwiebelringen anrichten.

☞ Dazu: französisches Bauernbrot!

Wasserschnalzn (Brotsuppe)

2 große Zwiebeln
40 g Butter
1 EL Petersilie, gehackt
1 EL Schnittlauch, gehackt
1 EL Kerbel, gehackt
1 TL Schmalz
Salz
Pfeffer
4 Scheiben Schwarzbrot

1. Die Zwiebeln pellen und in Streifen schneiden. Die Butter zerlassen, die Zwiebelstreifen darin glasig braten. 1 Liter Wasser zugießen und auf milder Hitze 5 Minuten kochen lassen.

2. Jetzt die Kräuter zugeben. Das Schmalz unterrühren. Die Brühe mit Salz und Pfeffer abschmecken. Das Schwarzbrot würfeln und 5 Minuten mitziehen lassen. Dann die heiße Wasserschnalzn in Suppentassen verteilen und servieren.

☞ Man kann auch die Brotscheiben in eine Terrine legen, die Brühe daraufgießen, dann servieren.

☞ An Schlachttagen nahmen die Nürnberger für ihre Brotsuppe die kräftige Wurstbrühe, ließen dann aber das Schmalz weg.

Pichelsteiner Fleischtopf

Zubereitungszeit: 2 Stunden
Zutaten für 6–8 Personen

200 g Rindermark, 20 Minuten gewässert
und mit einem Messer (vorab in heißes
Wasser getaucht) in Scheiben geschnitten
3/4 l Rinderbrühe
4 EL glatte Petersilie, gehackt
250 g Möhren
250 g Sellerieknolle
250 g Zwiebeln,
in dünne Scheiben geschnitten
1 kleiner Kopf Wirsing, in 4 cm lange
Streifen geschnitten, ohne Strunk
250 g Kartoffeln, geschält und gewürfelt
250 g Hammelfleisch (Schulter)
250 g Kalbfleisch (Schulter)
250 g Rindfleisch (Brust)
250 g Schweinefleisch (Schulter),
alle Fleischarten in gulaschgroße Stücke
geschnitten
Salz, weißer Pfeffer aus der Mühle,
1 Prise Muskatnuss

1. Backofen auf 200 °C vorheizen.

2. Den Boden eines großen schweren Topfes mit den Rindermarkscheiben belegen und bei mittlerer Hitze auf dem Herd anschmelzen lassen.

3. Daneben die Brühe erhitzen.

4. Schichtweise die mit Petersilie bestreuten Gemüse, die Kartoffeln und die Fleischsorten einlegen. Mit dem Hammel beginnen!

5. Alles mit der heißen Brühe übergießen und mit einem gefetteten, passend geschnittenen Pergamentpapier abdecken (gefettete Seite nach unten). Mit Topfdeckel verschließen und 50-60 Minuten im Ofen schmoren lassen.

6. Herausnehmen, Papier entfernen, einmal durchrühren und mit Salz, Pfeffer und Muskat abschmecken.

Getränk: Zu diesem herrlichen Eintopf wird ein fränkisches Bier oder Weizenbier getrunken.

Ist die Portion zu groß, kann man einen Teil vor dem Würzen einfrieren. Haltbarkeit: 2 Monate.

Fränkischer Krautbraten

„Nun reicht mir Stab und Ordenskleid der fahrenden Scholaren -
Wir woll'n zur schönen Sommerzeit ins Land der Franken fahren ..."
schrieb der Dichter Viktor v. Scheffel.
Er fuhr oft dorthin, denn nur dort gab es sein Leibgericht: Krautbraten.

Zubereitungszeit: 1 Stunden 30 Minuten
Zutaten für 4 Personen

1 kg Weißkohl
50 g Butter
4 Nelken
2 Lorbeerblätter
5 Zwiebeln, fein gehackt
1 TL Kümmel
Salz
50 g Räucherspeck,
in dünne Streifen geschnitten

Für die Füllung:
375 g gemischtes Hack
125 g Bratenreste, gewürfelt
Salz, schwarzer Pfeffer aus der Mühle

1. Den geputzten Weißkohl, von dem die äußeren Blätter entfernt wurden, in kochendem Wasser ca. 15 Minuten ziehen lassen. Flüssigkeit aufheben. Die Hälfte der inneren Blätter in eine gefettete Form legen.

2. Restlichen Kohl in Würfel schneiden, mit der Kochflüssigkeit gerade bedecken und mit Nelken, Lorbeerblättern, Zwiebeln, Kümmel und Salz ca. 15 Minuten dünsten.

3. Hackfleisch und Bratenreste würzen, zu dem gewürfelten Kohl geben. Durchmischen. Die Füllung auf die mit Kohlblättern ausgelegte Form schichten und wieder mit einer Schicht Kohlblätter abdecken.

4. Ofen auf 180 °C vorheizen. Speckstreifen auf den Kohl legen.

5. Den Krautbraten ca. 50 Minuten im Backofen überbacken.

☞ Dazu isst man Kartoffelpüree.

Schnitz

Zubereitungszeit: 1 Stunde 20 Minuten
Zutaten für 4 Personen

500 g Möhren
350 g Kartoffeln
125 g Sellerie
2 Stangen Lauch
1 Kopf Blumenkohl
40 g Butter
150 g Rinderhackfleisch
Salz, Pfeffer
1 Bund Petersilie

1. Möhren, Kartoffeln, Sellerie und Lauch putzen, waschen, dann in dünne Scheiben schneiden. Den Blumenkohl auch putzen und waschen, dann in Röschen teilen.

2. Die Butter in einem Topf erhitzen, das Rinderhackfleisch kurz darin anbraten, dann die vorbereiteten Gemüse zugeben. Mit Salz und Pfeffer würzen. Dann etwa 1 Liter Wasser zugießen.

3. Den Eintopf bei kleiner Hitze 1 Stunde leise kochen lassen. Die Petersilie waschen, grob hacken und vor dem Servieren auf den Schnitz streuen.

☞ Es wird Landbrot dazu gereicht, das beim Essen in die Suppe getunkt wird.

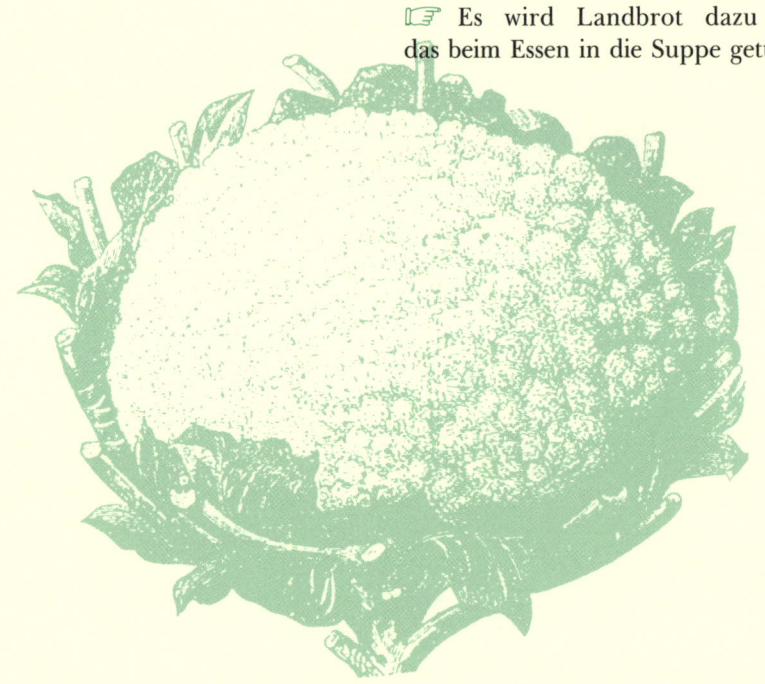

Nieder- und Oberbayern

Käsespätzle

Reich war das Allgäu nie. Auch als Pfarrer Kneipp im vorigen Jahrhundert schon seine
Wasserkuren in Wörishofen durchführte, hatte das Dorf noch keinen eigenen Metzger.
Allmorgendlich bot ein Bursche aus Türkheim Fleisch aus seiner Rückenkiepe an.
Eines allerdings pflegte man hier zu Lande schon seit Römerzeiten: Milch und Käse.
Heute ist das Allgäu der größte Käseerzeuger und -exporteur Deutschlands.

Zubereitungszeit: 45 Minuten
Zutaten für 6–8 Personen

1–2 TL Salz
700 g Mehl
3 Eier
150 g Allgäuer Emmentaler, gerieben
1 große Zwiebel, in Ringe geschnitten
125–200 g Butter
Schnittlauch, in Röllchen geschnitten

1. In einem großen Topf, der nur zu drei Vierteln voll sein darf, Salzwasser zum Kochen bringen.

2. Aus Mehl, Eiern, Salz und 40 ml Wasser einen zäh fließenden Teig zubereiten.

3. Den Teig durch einen Spätzlehobel in das siedende Wasser drücken oder vom Brett mit nassem Teigschaber abstreichen.

4. Kommen die Spätzle an die Oberfläche, mit einem Schaumlöffel herausnehmen, abtropfen lassen und lagenweise mit dem geriebenen Käse in eine vorgewärmte Schüssel füllen.

5. Zwiebelringe in heißer Butter anbräunen, über die Spätzle geben. Mit Schnittlauch bestreuen und servieren.

Bleiben Spätzle übrig, werden sie am nächsten Tag mit verquirlten Eiern in der Pfanne angebraten – grüner Salat dazu und eine neue leckere Mahlzeit ist im Nu fertig.

Leberknödelsuppe

Zubereitungszeit: 1 Stunde
Zutaten für 15 mittelgroße Knödel:

10 altbackene Semmeln
reichlich ^{1}/4 l Milch
250 g Rindsleber
120 g Milz
100 g Rindernierenfett
1 große Zwiebel
1–2 Knoblauchzehen
1 EL Majoran
1 EL Petersilie, gehackt
Salz und Pfeffer
etwas abgeriebene Zitronenschale
(unbehandelt)
1 Ei
100 g Mehl
2 l Fleischbrühe
1 EL Schnittlauch, gehackt

1. Die Semmeln in feine Scheiben schneiden und in kalter Milch einweichen. Leber und Milz schaben und zusammen mit dem ganz fein gehackten Rindernierenfett und der gehackten Zwiebel zu den Semmeln geben.

2. Die zerquetschten Knoblauchzehen, Majoran, Petersilie, Salz und Pfeffer, Zitronenschale, das Ei und Mehl dazugeben und alles zu einem schönen Knödelteig vermengen. Sollte der Teig nicht genug Bindung haben, kann man eine Hand voll Semmelbrösel zugeben.

3. Fleischbrühe zum Kochen bringen und die mit feuchten Händen geformten Knödel einlegen.

4. 15 Minuten leicht kochen und weitere 5 Minuten ziehen lassen. Suppe in tiefe Teller schöpfen und mit etwas Schnittlauch bestreut servieren.

Rumfordsuppe

Wer war Rumford? Ich zitiere aus „Heimerans Küchenlexikon" von 1977:
Benjamin Thompson, 1753–1814, amerikanischer Physiker und Politiker,
floh während des Unabhängigkeitskrieges nach Europa und trat in bayerische Dienste.
Er führte in Bayern die Kartoffel ein, legte den Englischen Garten in München
an und erfand für die Soldaten des Kurfürsten Karl Theodor von der Pfalz eine
billige, schmackhafte und nahrhafte Suppe. Der Kurfürst machte Benjamin Thompson
daraufhin zum Grafen Rumford und beschenkte ihn mit großen Reichtümern.

Zubereitungszeit: 1 Stunde 30 Minuten
Zutaten für 4 Personen

125 g getrocknete Erbsen,
über Nacht in 1 1/2 l Wasser eingeweicht
80 g durchwachsener Räucherspeck
1 Zwiebel, gewürfelt
2 Bund Suppengrün
50 g Rollgerste
1 große Kartoffel, geschält und gewürfelt
Salz, Pfeffer
1 Bund Petersilie, gehackt

1. Die Erbsen in dem Einweichwasser mit Salz in etwa 1 1/2 Stunden weich kochen.

2. Den Speck würfeln und mit der Zwiebel kurz anbraten.

3. Das geputzte und zerkleinerte Suppengrün mit anbraten. Ebenfalls die gewaschene und abgetropfte Rollgerste.

4. Die Erbsen abgießen. Den Sud über Gemüse und Gerste gießen. Die Kartoffel zugeben und 15 Minuten garen.

5. Die Erbsen durch ein Sieb streichen und die Suppe damit andicken.

6. Abschmecken und dick mit Petersilie bestreuen.

Milzschöberlsuppe

Zubereitungszeit: 20 Minuten
Zutaten für 4 Personen

350 g Rindermilz
1 Ei
1 Zwiebel, ganz fein gewürfelt
Salz, Pfeffer, Majoran
abgeriebene Schale von
^{1}/2 unbehandelten Zitrone
50 g Butter
4 Scheiben Weißbrot
1 ^{1}/2 l kräftige Fleischbrühe, erhitzt
1 Bund Petersilie, fein gehackt

1. Die Milz waschen, trocken tupfen, klopfen und mit einem scharfen Messer in eine Schüssel schaben.

2. Ei und Zwiebel zur Milz geben. Würzen und verrühren.

3. Die Masse auf gebutterte Brotscheiben streichen und diese im Backofen bei 225 °C etwa 10 Minuten überbacken. Die Milz darf dabei nicht schwarz werden, also Vorsicht!

4. Die Scheiben in kleine Rauten schneiden, auf Suppenteller verteilen und mit heißer Fleischbrühe übergießen. Etwas gehackte Petersilie darüber streuen.

Eier im Kälberstall

Ein Gericht aus den Bergen des Allgäus, das Auge und Gaumen gleichermaßen erfreut.

Zubereitungszeit: 45 Minuten
Zutaten für 8 Personen

3 mittelgroße Zwiebeln, grob gehackt
50 g Butter
750 g durchwachsenes Kalbfleisch,
fein gewürfelt
8 Eier
1 altbackenes Brötchen,
in Milch eingeweicht
1 EL Paniermehl
1 EL Stärkemehl
Saft von $1/2$ Zitrone
$1/2$ TL Muskatblüte (Macis)
Salz
weißer Pfeffer aus der Mühle
100 g durchwachsener Speck,
in dünne Streifen geschnitten
1 Bund glatte Petersilie, grob gehackt

1. Die Zwiebeln mit 20 g Butter in einer Pfanne glasig dünsten, etwas abgekühlt mit dem Kalbfleisch durch die feine Scheibe des Fleischwolfs drehen.

2. Die Farce mit zwei Eiern, dem ausgedrückten Brötchen, dem Paniermehl, der Stärke, dem Zitronensaft und den Gewürzen (nach Geschmack) gut durchkneten.

3. Eine ovale Auflaufform mit Butter ausreiben, die Farce etwa 8 Zentimeter dick einstreichen. Backofen auf 175 °C vorheizen.

4. Mit dem Löffel 8 Vertiefungen für die Eier in die Masse drücken. Die übrige Oberfläche mit den Speckstreifen belegen.

5. Die restliche Butter zerlassen und über den Auflauf verteilen. Nach 20 Minuten Backzeit – auf der mittleren Einschubleiste des Backofens – in jede Vertiefung 1 Ei geben, pfeffern und salzen. Weitere 10 Minuten backen, dann mit der Petersilie bestreuen.

☞ Grüner Salat passt als Beilage ebenso gut dazu wie als Getränk ein weißer Land-

Verzeichnis der Rezepte

Schleswig-Holstein mit Nordfriesland und Helgoland

Hamburg und Lübeck

Niedersachsen

Mecklenburg-Vorpommern

Brandenburg und Berlin

Sachsen-Anhalt mit Altmark und Saale

Sachsen mit Lausitz, Spreewald und Vogtland

Thüringen

Hessen

Nordrhein-Westfalen

Rheinland-Pfalz

Saarland

Baden-Württemberg

Bayern

Bildnachweis